人物小记

王元化

東方出版中心

内容简介

本书系“清园丛书”之一种，收录当代著名思想家王元化先生旧作二十篇，其中有六篇为同类文章合成的小集，此外十四篇均为短文。这些文章有的是读书札记，有的是纪念文字，有的是论著序跋，大多与读者熟悉的人物有关，如《谈鲁迅小集》《谈胡适小集》《记熊十力小集》《记顾准》《记王瑶》《记孙冶方》《读〈毛选〉记》等。作者怀抱张扬人文精神的使命感，一腔真情，挥洒文章。字里行间可窥见先生的深厚理论造诣，其见解精辟，观点独特，平淡典雅的文字隽永且富有张力，展现了一代学者思想的光芒和学术的力量。而那些由记人叙事连缀起来的历史碎片，变成活动的影像，令人难以忘却。

作者摄于二〇〇六年

出版说明

王元化先生是我国当代著名思想家，著述宏富。在其六十余年的学术生涯中，信守“独立之精神，自由之思想”的原则，对当代中国诸多重大思想问题，均发表有他自己独到见解的论著。最近他的十卷文集虽即将问世，但为了便利更多的读者，王先生在其全部著述中择其精要，编为单行本出版。这些单行本系按类编纂，总名曰“清园丛书”。目前已出者，除这本《人物小记》外，还有上海辞书出版社刊行的《沉思与反思》、新星出版社刊行的《读黑格尔》、上海书店出版社刊行的《清园谈戏录》、《读莎士比亚》。计划中出版的则有《读文心雕龙》等。每本单行本，皆可视作代表先生思想要旨之作，读者可按自己兴趣和需要选购。

二〇〇八年一月

小　　引

本书也是将旧作按类汇辑一编，作为“清园丛书”的一种，收文二十篇，其中有六篇为同类文章合成的小集，原是散见各文中的某些段落，现将其合在一起，故名小集。这样做的目的，是由于读者只读到小集中的某些段落，未窥全貌，因此很难领会到作者对所论对象的整体意见。小集其性质虽非系统研究的成果，但至少可以使读者避免见其一端，不知其余，从而引起误解。看问题非黑即白的形而上学观点在我们这里仍是相当普遍的。至于小集外十四篇均为短文，有些是悼念文，有些是读书笔记，有些原是序跋，文已写成，时间过去，现已无力增改，也就由他去了。

今年七、八月在我住院期间，请朋友代我整理的文章分别发表在《文汇报》的《学林》和《笔会》上，前者题目是《王元化谈论语》，后者是《元化先生说三国》（正题是《勿伤大雅》）。我重新发表十多年前的旧作，并非为发表而发表，实在也含有针砭时弊之意。我请朋友代笔在《谈论语》文前的小引中说：“现在有些做法，如媒体以娱乐文化的收视效益去取代经典本身的人文价值，只会对传统文化产生一种负面效果。也有些人虽然看到这种危害性，但并没有认识到探索经典是一种复杂的工作，如一位学者在批评于丹时就说《论语》是一部容易读的书，元化先生说他怀疑这位学者恐怕未必认真读过《论语》。他还看到有人写的一本浅析《论语》的书，借题发挥，引证了一些中外名人未必是名言的句子，拉扯成篇。他认为这也是一种值得注意的现象。”

在另一篇《说三国》里，鉴于现在出现一股詈骂诸葛亮之风，我就阐发了抗战时王芸生和贺麟以陈寿、王船山诸葛论为基点所展开的论争，以示前人持论之严谨、学风之正大。过去学人论赞诸葛亮之文多矣，文天祥就义前就曾以诸葛亮为楷模，称“或为出师表，鬼神泣壮烈”。在他以前，杜甫曾写了多首颂扬诸葛亮的诗。直到最近才发表的梁漱溟晚年回答艾恺问“最佩服什么人”时，回答是“诸葛亮”。现在那些妄图一手将传统推倒的人，使我不由得想起荀子所描述的麋集稷下的那些嬛薄少年，其无知与妄自尊大，真可谓蚍蜉撼大树，可笑不自量了。多年来学界趋新猎奇之风盛行，故有人将中国文化比为大染缸。我们对西学未真正学习，就拿来唬人。一二十年前西方解构主义大畅，柏拉图、亚里士多德一律均遭批判，传到我们这里，见而心喜，未得其皮毛，就拿来应用，号称“颠覆传统”。

《说三国》中代为整理拙文的友人问我看不看电视演讲，我看得不多，没有什么发言权。从我看过的少数几个来比较，我觉得钱文忠说玄奘，还是不错的。一开始我也担心他为迁就媒体的娱乐性，会讲坏了，但一集集看下来，印象很好。他把玄奘身上那种坚韧不拔，怀抱使命感，不顾艰险，敢于迎接考验的精神，一步步发掘出来了，这是中国人的舍身求法的精神，是一种很宝贵的东西。大众文化是需要的，但要继承而不是破坏传统中的人文价值。我们不能为了消费，为了取媚观众，把已有的好东西全部牺牲掉。

二〇〇七年十一月十二日

目　　录

谈《论语》小集

达巷党人

近读美国汉学家牟复礼(Frederich Mote)评史华慈(Benjamin L. Schwartz)所撰《古代中国思想世界》(*The World of Thought in Ancient China*)一文。牟氏称史华慈学养深邃,但在文字训诂方面则多以己意为进退。其中有条是关于《论语》"达巷党人"章的。牟氏所评有中肯的地方,也有值得商榷的地方。比如,他和史华慈等都把达巷党人解释成"无知的乡下人",就使人难以苟同。

旧注关于达巷党人的读法存在着不少分歧。一般据《礼记·曾子问》(孔子曰:"昔者吾从老聃助葬于达巷党"),以达巷党三字连读。何晏《集解》引郑注,则以达巷二字连读,党作乡党。朱熹《集注》并同。康有为《论语注》一反前人之说,将达字划归上章之末,作巷党人。海外学者多尊宋学,据朱子《集注》解经,但是他们又自生枝节,把达巷党人说成是"无知的乡下人"(an ignorant villager 或 villager to be a boorish ignorant)。我认为这一说法显然是用今天所谓乡下这一地区观念去附会古人了。殊不知乡党在孔子时代并非是偏僻地方。郑注云："达巷者，党名也。五百家为党。"皇疏称："天子郊内有乡党，郊外有遂鄙。"均可为证。至于把达巷党人冠以"无知"的称号，更与历来注疏相悖。《孔子世家》有"达巷党人童子曰"的说法。孟康本《国策》"项橐生七岁为孔子师"，谓达巷党人即项橐。《汉书》董仲舒对策云："臣闻良玉不琢，资质润美，不待刻琢，此亡异达巷党人不学自知者。"汉人关于这方面的传说很多，如《淮南子》、《论衡》等均言项橐事。清翟灏《四书考异》则云："不本正典，不足信。"方观旭《论语偶记》驳之，谓"汉人相传如此，当必有据"。不管达巷党人为项橐说是否可靠，有一点是明确的，前人多把达巷党人视为聪颖的人。说他无知是没有根据的。能知孔子之博，确实如方观旭所说，需有一定文化素养。一个无知的乡下人怎么会识别博不博或专不专的问题呢？

一九九一年

孔子与射御

《卫灵公篇》："卫灵公问陈于孔子，孔子对曰：'俎豆之事，则尝闻之矣。军旅之事，未尝学也。'明日遂行。"刘宝楠《正义》引《新序》，谓此为孔子"贱兵"之证。《论语发微》驳之，称孔子答子贡问政，以"足兵"、"足食"并举，《子路篇》则明言"教战"，再引《孔子世家》及《礼记·礼器篇》述孔子有习武之事，于是根据这些证据作出判断说，孔子以“未习军旅之事”去卫，实际上只是疾卫灵公无道而作的“托词”。以上二说都提出一些根据。不过，我以为“托词”之说似嫌勉强。《孔子世家》称冉有向孔子学过军旅之事，以及《礼器篇》称孔子曾言“我战则克”，究竟是否可靠，颇令人怀疑，因为毕竟是后人提供的间接资料。倘根据孔子学说本身来看，权衡其中的本末轻重，我以为刘宝楠引《新序》说孔子重礼轻兵，总是不可否认的事实。

史华慈认为孔子提出射御问题是反讽地拒斥军事技艺（a sarcastic repudiation of “The military arts” of archery and charioteering among the six arts），这话不能说毫无理由，至少在把握原旨方面比“学射御以成名”说要准确一些。其错误乃在以射御并举，忽略了在孔子时代，射不仅是军事技艺，而且列为礼乐制度之一。《仪礼》贾疏：“六者之中，御与书数三者于化为缓，故特举礼与射言之。”征之礼书，《仪礼》中有《乡射》与《大射》，均以射为礼。《乡射》郑目录云：“州长春秋，以礼会民，而射于州序之礼。”《大射》郑目录云：“名曰大射者，诸侯将有祭祀之事。与群臣射以观其礼。”列入礼书的射均名礼射，以与力射区别开来。《论语》记孔子谈射都没有表示拒斥之意，就因为射是礼。《八佾上》：“子曰：君子无所争，必也射乎！揖让而升，下而饮，其争也君子。”（其文亦见于《礼记·射义》与孔子所说同。）《八佾下》：“子曰：射不主皮，为力不同科，古之道也。”（“射不主皮”亦见于《仪礼·乡射礼》。）前者说的射虽然也有争，但不伤于礼，故符合君子儒的准则。后者说的射不主皮，其本身就是乡射礼的一种规定。马融《论语注》训主皮为“能中质”。朱子《集注》训主皮为“贯革”。毛氏《论语·稽求篇》驳马、朱二说，谓之未明礼射之旨要。毛氏说：“旧注引《周礼》，朱注引《仪礼》，犹是引经证经，引礼证礼，而不经谛观，便复有误，况臆断乎？”我以为这几句话是值得我们深思的。

一九九一年

释“无所成名”

《论语》原文“达巷党人曰”，海外学者把它解作达巷党人向孔子提出问题了（an ignorant villager had asked 或 an absurd question 或 the villager question）。达巷党人的原话是“大哉孔子！博学而无所成名”。本是赞美之词，可是海外学者把达巷党人说的“无所成名”解作博而不专了（why a man of his breadth of learning was not noted for expertise in any specific skill）。我想，这大约是引申朱子《集注》又加以发挥的结果。《集注》对这句话的解释是：“盖美其学之博，而惜其不成一艺之名。”其说似申明郑义。郑注云：“此党人之美孔子传学道艺，不成一名。”细审两说，看来相契，其实却有很大分歧。郑注所谓“不成一名”，意思是说孔子广大渊博，使人莫可名之。这和《论语》记孔子本人赞美尧的话是一致的。孔子称“大哉尧之为君也”，荡荡乎，其广大渊博，同样是“民无能名焉”。类似的说法，在《泰伯篇》亦可见到。孔子赞美泰伯“可谓至德”，而“民无得（与德通）而称焉”。“至德无得”正与“无能名焉”、“无所成名”同一语例。这种说法一直延续到后世。《南史》记王僧辩为梁元帝作《劝进表》，也有“博学则大哉无所与名”之语。显然这是套用《论语》中的说法。可见“无所成名”已经普遍地当作一种赞词，否则《劝进表》这类文字是不敢轻易使用的。我以为毛奇龄《论语·稽求篇》申明郑义，最是的解。毛氏云：“所谓不成一名者，非一技之可名也。”这正是达巷党人赞孔子无所成名的本义。朱子《集注》把郑注的“不成一名”变为“不成一艺之名”，已渐疏原旨。而海外一些学者望文生义，再把朱子的“不成一艺之名”拉扯到博和专的问题上来，则谬误尤甚。我感到怀疑：孔子时代是否存在这个问题？纵使存在，是不是这么引起重视，连“无知的乡下人”（达巷党人）都会就这个问题发表议论？孔子把弟子分为德行、言语、政事、文学四科，如果连孔子也不专，那么当时谁才算得上是“专”的？这倒真的成了一个“荒谬的问题”了。

一九九一年

子见南子的行为准则

孔子见南子的目的何在？为了达到这个目的而采取的手段又当怎样评价？旧注多以孔子见南子为的是行治道。何晏《论语集解》称：“孔安国等以为南子者卫灵公夫人，淫乱，而灵公惑之。孔子见之者，欲因而说灵公使行治道。矢，誓也。子路不悦，故夫子誓之。行道既非妇人之事，而弟子不悦，与之祝誓，义可疑焉。”

> 案：《集解》这段话中“行道既非妇人之事”究竟是《集解》本身的意见，还是转述孔安国的意见？有二说。毛奇龄《论语·稽求篇》主后说。《稽求篇》称：“孔安国以为此是疑文”即括后说之义。刘宝楠《正义》则主前说。刘氏据《释文》载《集解》本并引臧庸《拜经堂日记》，订正皇本、邢本之讹，认为“孔安国曰旧以南子者”当作“孔安国等以为南子者”。又称：“孔安国等”则系“首举孔以该马(融)、郑(玄)、包(咸)、周(氏)诸儒之义。行道以下四句，乃何晏语。”刘氏之说，义据甚明。这里顺便说一下，王何以玄学家解孔，曾被儒家的极端派诋为“其罪深于桀纣”。但从何氏在《集解》中称“行道非妇人之事”认为其义可疑的话来看，他倒是十分尊重孔子的。

何晏虽对汉人旧注质疑，但他毕竟是魏晋时代人物。他的话说到适可而止，并无感情色彩。刘宝楠《论语正义》对旧说旧注的批判，却要严厉得多了。他对子见南子一章作了靡密的剖解，几乎不放过一字一义。首先，他说南子虽淫乱，却有知人之明，故于蘧伯玉、孔子皆特致敬。其次，他说子路不悦，是由于疑夫子见南子乃出于诎身行道，正犹孔子欲往应公山弗扰、佛肸之召，子路也同样感到不快一样。他认为这是无可指摘的，因为孔子说过，人而不仁，疾之已甚为乱。孟子也说过，仲尼不为已甚。“可知圣人达节，非俗情所能测”这种说法虽较牵强，且把自己训解的(一般人也可以明白的)孔子的话说成

“非俗情所能测”，不仅多少有些夸大其词，也没有顾及将置子路于何地，但是总的来说，还不失为一种明达。最令人诧怪的是刘氏援引下列秦汉诸说，加以激烈的指摘。这些说法是：

《吕氏春秋·贵因篇》：“孔子道弥子瑕见釐夫人，因也。”

> 案：刘氏称“釐夫人即南子”。《吕氏春秋》高诱注云：南子不得谥为釐，“此釐夫人未之闻”。梁玉绳曰：“釐夫人虽他无所见，然春秋时，夫人别谥甚多，鲁文姜、穆姜皆淫佚而得美谥，南子谥釐，无足异也。”陈奇猷《校释》：“梁玉绳谓釐为谥，是也，张云璈说同。”

《淮南子·泰族训》：“孔子欲行王道，东西南北，七十说而无所偶，故因卫夫人弥子瑕而欲通其道。”

《盐铁论·论儒篇》：“孔子适卫，因嬖臣弥子瑕以见卫夫人。”

刘氏《正义》援引上述三条文字后，直斥之为“此皆当时所传陋说，以夫子为诡道求仕。不经之谈，敢于侮圣矣”。刘氏训解多所发明，说明他是一位颇有识见的注疏家。他为孔子见南子，应公山弗扰、佛肸召欲往辩，说这是为了诎身行道，是堂堂正正的行为，无所不可。这是一般俗儒肤见之徒所不能道。但是最令人不可解的是，刘氏既怀此种胸襟，有此种见识，何以对上举秦汉三书之说，忿忿乃尔？难道上述三书不是同样在阐明孔子诎身行道之义么？不是在阐明是为行道而去因弥子瑕么？见南子可，应公山弗扰、佛肸召欲往可，独独把弥子瑕划在界外，试问他和南子、公山弗扰、佛肸这些人在人格上、道德上，有何本质上的差异？我不知道刘氏是否怀着学术思想上的门户之见，才对异我者加上了这样一个重大罪名？“侮圣”是越出学术之域的人身攻击，为历来气盛理穷者所惯用，今竟出于一位严肃注疏家之口，使人不得不为之扼腕。

一九九一年

子见南子合于礼说

《孔丛子》在记述平原君与子高的问答后说：“古者大享，夫人与焉，于时礼仪虽废，犹有行之者。意卫君夫人享夫子，夫子亦弗获已矣。”此说构划虽善，但要证明子见南子合于古大享之礼，就需要说明大享之礼是怎样一种礼制？大夫见夫人是不是合于这种礼制？清钱坫《论语后录》援引《孔丛子》上面一段话后，案曰：“此《孔丛子》之说，必有所据。”我对钱说颇感怀疑。《孔丛子》纵使不是伪书，确为孔鲋所撰，也不一定可靠。

朱子也主合于礼说。他的《四书集注》及《四书或问》都谈到这个问题。《集注》称：“古者仕于其国，有见其小君之礼。”《或问》则称：“《记》云：‘阳侯杀缪侯而窃其夫人，故大飨废夫人之礼’，疑大夫见夫人之礼亦已久矣。灵公南子特举行耳。”这是企图为合于礼说找出根据所作的论证。不过，这里存在这样一个问题：凡合于礼的是不是都应该去做？阎若璩也主张合于礼说，但他未回答上面的问题，只是就事论事地说：“见南子礼之所有，故可久则久；为次乘礼之所无，故可以速则速。”清人重朴学，宋人在诠释子见南子时则往往偏重于道德伦理的考虑。卫灵公无道，南子有淫行，圣人去见恶人行么？真德秀《四书集编》的回答是：“居乱国见恶人，惟圣人可。盖圣人道大德宏，可以转乱而为治，化恶而为善。”这可以说为子见南子章作了进一步诠释。不过，我觉得真德秀的说法尚不及朱子《集注》周密。《集注》称：“圣人道大德全，无可不可，其见恶人固谓在我有可见之礼，则彼不善，我何与焉？然此子路所能测哉？故重言以誓之，欲其姑信此而深思以得之也。”朱子这样一说，把子见南子、子路不悦、孔子矢词全都串在一起讲通了。不过，这一切还得回到合于礼的问题上来。圣人道大德全，无可不可，只要合于礼，见的是不是恶人都无关紧要。但倘使不合于礼，那就是另一回事了。清代经师对于合不合于礼的问题重新作了讨论。毛奇龄《四书改错》力驳朱子之说，其词甚辩。他说：“古并无仕于其国见其小君之礼，遍考诸《礼》文及汉晋唐诸儒言礼者，亦并无此说，惊怪甚久。及观《大全》载朱氏《或问》，竟自言是于礼无所见，则明白杜撰矣。”毛氏查考了《春秋》经与三传之文，指出《集注》以觌礼为见礼，以大夫之妇入觌为大夫入觌之误，并考明古时除交爵飨献之礼外，男女无相见礼，亦无觌礼。从而从根本上推翻了合于礼说。毛氏在结语中称：“正以无典礼可以引据也，有则据礼以要之，子路夫子俱无辞矣。”这一驳诘确是一针见血。倘合于礼，试问：子路还有什么不悦？孔子又何必作矢词？这里没有故弄玄虚说什么圣人言行难测，无可不可，而是采取一种比较实事求是的态度。

一九九一年

释孔子矢词

《论语》子见南子章孔子矢词:“予所否者,天厌之!天厌之!”各家注疏,歧义最多。举其大端,可分二类。一训矢为誓,一训矢为陈。前者旧注,后乃新解。邢昺、蔡谟、司马贞、《解论语笔》(韩愈、李翱)、杨慎、毛奇龄等,皆为破旧注立新说者,认为矢当训陈。矢不当训誓而当训陈的理由,毛奇龄《论语·稽求篇》说得很明白:“夫子矢之,旧多不解,孔安国亦以为此是疑文(按:当从臧庸《拜经堂日记》说,以孔子矢词为疑义者乃何晏,毛氏误)。即旧注解矢作誓,此必无之理。天下原无暗暧之事,况圣人所行,无不可以告人者,又况门弟子语,何所不易白,而必出于是。”这说法与赵翼在《陔馀丛考》中的说法相契。但赵氏之说平易,毛氏则不免以推理作意度。赵翼引杨慎之说(“矢者,直告之也。否者,否塞也。谓子之道不行,乃矢弃之也”),谓“此说本《史记索隐》,其说似较胜”。这话说得很有分寸。赵氏接着还对杨说提出质疑。他认为杨氏称子路不悦,是因为“孔子既不仕卫,不当又见其小君”。这是一层意思。可是,杨氏又称,孔子直告子路的话却是“以否塞晓之者”。这又是一层意思,两层意思互不相关。所以赵氏认为杨氏的训释形成“针锋不接”的漏洞。赵翼提出他自己的修正意见说:“窃意子路之不悦与‘在陈愠见,君子亦有穷乎’之意正同,以为吾夫子不见用于世,至不得已作为此委曲迁就,以冀万一之遇,不觉愤悒侘傺,形于辞色。子乃直告之曰：予之否塞于遇，实是天弃之而无可为何矣。如此解似觉神气相贯。”我认为在训矢为陈诸家中，赵氏之说，当为胜解。不过，细审又总觉牵强。增字解经为注疏家之忌，但矢词所说的“子所否者”也实在过于简略，所以不独赵氏，前人注解此句也无不增字为训，因为不如此就无法讲通。

> 案：此句之否字，古有以下诸训：孔安国：“所不为求行治道者。”郑汝谐：“予之所不可者。”栾肇：“我之否屈。”韩李《笔解》：“否当为否泰之否，言矢将厌此乱世而终岂泰吾道乎？”王充：“予所鄙者。”毛奇龄据《孔子世家》以否字作不字解，“言我敢不见哉，不则天将厌弃我矣”。皇侃《疏》：“若有不善之事，则天当厌塞我道也。”邢疏多本皇疏，独此条立异，改“不善之事”为“求行治道”。缪播：“言体圣而不为圣者之事，天其厌塞此道耶。”李充：“明圣人与天地同其否泰也。”王弼：“我之所屈不用于世者，乃天命厌之。”韩李《笔解》：“予道否不得行，汝不须不悦也。天将厌此乱世而终，岂泰吾道乎。”馀不赘举。

这么多注疏家，其中包括最严谨的学者，都不得不增字为训，而歧义又是如此纷纭，我以为这是由于子路不悦的原因，对于当时传说并记述此事的人是清楚的，觉得不必缕列也可以明白，故省略掉了。可是这一省略却使下面孔子矢词（“不”字下也是同样经过了省略）对后来的读者也就变得扑朔迷离，难以索解了。我觉得与其费功夫去猜测，不如照程氏《集释》所云“此等处止可阙疑”。不过，注疏者在文字训诂上作些实事求是的工作，还是可以使费解的原文透出一些消息的。主张矢训誓说者，在训诂上似有更多的根据。字书中，如《尔雅·释言》等多训矢为誓。阎若璩《四书释地三续》曾作了详细的考辨，举出《春秋》中记古人的大量誓词，都与朱子《集注》所举“所不与崔庆”同例。“皆有所字，足征其确”（如僖二十四年、文十三年、宣十七年、襄十九年、襄二十三年、襄二十五年、昭三十一年、定三年、定六年、哀十四年等）。阎氏又说，《集注》于“何以用所字未解，曰所指物之辞。余欲易此注曰：所指物之辞，凡誓辞皆有”。这就为朱子《集注》承袭旧注矢训誓说，提供了更多的根据，从而证明“予所否者”，正合古人誓词通例。“所不”既是誓词定式，则“否”就当作“不”，而不能作“否泰”、“否屈”之类的附会了。臧琳《经义杂记》也是认为“古人誓词多云‘所不’”。他对孔子矢誓中的“否”当作“不”有这样的说明：“太史公自言，弟子籍出孔氏古文，则所采《论语》当是《古论》作‘不’，或通借为‘否’，郑康成、缪播训为不，与《世家》文合。”这些说法都是言而有征的。但孔子矢词中的“所不”究竟指什么，由于下有省文或阙文，却成千古疑义了。

一九九一年

“原壤夷俟”柬释

《论语·宪问篇》：“原壤夷俟。子曰：‘幼而不孙悌，长而无述焉，老而不死是为贼。’以杖叩其胫。”原壤，人名。夷，蹲踞也。俟，待也。言原壤蹲踞以待孔子也。

孔子为什么要这样凶狠狠地去责骂原壤，还要用手杖叩其脚胫？难道仅仅因为原壤蹲踞，没有起身迎接他么？这是不是有些过分？过去《论语》注疏者为了不损害孔子形象，对这事作了种种解释。马融曰："原壤，鲁人，孔子故旧。"《魏书·李业兴传》引《论语》旧注亦称："原壤，孔子幼少之旧。"我认为这种说法较为平易，也较为可取。但这里没有说明孔子为什么要那样疾颜厉色地对待原壤。过去的注疏者总是以儒生理想中的圣人为标准，认为"圣人之或默或语无非教者"（李光地《论语劄记》）。这样就把孔子的一言一行全都化为天经地义的道德标准，他只有一本正经地宣讲大道理，而不能有和平凡人一样的言谈举止。抱着这样见解的儒生经师在为《论语》作注疏时，随时随地都要从孔子的话中找出按而不断、微言大义的根据。因此，关于原壤就有了种种不同的说法。皇侃《论语义疏》云："原壤者，方外之圣人。"近人程树德《论语集释》驳之，称《皇疏》"囿于风气，不可为训"；认为"原壤盖习为吐故纳新之术者"。康有为《论语注》也说原壤为"有道之士，而放于礼教者"，并且比之为希腊"裸身处桶"的芝诺内士。这些注疏者把原壤定为道家或术士，为的是使孔子责原壤既是堂堂正正的，又是合情合理的。这一点，黄式三《论语后案》说得最为明确："养生家议儒者拘执礼法，迫情拂性，非延年之道，而自以旷达为养生。夫子言坏礼伤教，生不如死，责之深矣。此为养生家解惑，非谩骂故人也。"

朱熹《四书集注》更进一步提供了一个重要的材料："原壤，孔子之故人，母死而歌，盖老氏之流，自放于礼法之外者。”这样一解释，固然使孔子责原壤有了更充足的理由，但同时却露出不少破绽。孔子责原壤，责骂完了，还“以杖叩其胫”。这一动作只可能理解作责原壤倨傲，质问他为何不站起来。倘孔子责原壤丧母而歌，那么再“以杖叩其胫”，就变成多此一举了。朱子《论语或问》所引胡氏之言就提出了这样的问题：既然原壤丧母而歌，为什么孔子对此不置一辞，“今乃责其夷俟，何舍其重而责其轻?”这一问确实切中要害，不过，《或问》所记胡氏之言又自作辩解道：“盖数其母死而歌，则壤当绝；叩其箕踞之胫，则壤独故人耳。盛德中礼，见乎周旋，此亦可见。”意思说，孔子责夷俟之轻过，而放过母死而歌的重过，是由于念故人之情，不忍与之绝，完全出于一片苦心。读了以上的注疏，我总感到有些怀疑。母死而歌，不见于旧注，此说本于《礼记·檀弓》。朱子移来作为原壤夷俟章的注，可能是为了使孔子责原壤合理化。宋儒注经多有此习。如《诗经》中关雎一词，汉人注为“鸟鸷而有别也”。宋儒认为不能用来比喻夫妇之德，而改注为鸳鸯。《离骚》中女嬃一词，汉人注为“屈原之姊”。而宋人认为不尽深义，改注为“楚国贱妾之称，以比党人”。

我认为这些注疏未必都是言必有征的，不论是《或问》所谓“盛德中礼，见乎周旋”，还是《后案》“为养生家解惑”，都留下一个问题有待解决。原壤既是孔子故旧，何以责之如此之深?《论语》所记古隐者楚狂接舆、石门晨门，荷蒉者、长沮、桀溺、荷蓧丈人之流，也都是放于礼教的。他们曾当着孔子弟子的面，对孔子进行了尖锐的嘲讽。为什么孔子并没有像对待原壤一样去对待他们，而只是对弟子说：这些人很果敢，对我不了解就加以指责（“果哉，末之难矣”）。或者：我和这些人道不合不相为谋，我不以我道易彼，亦不使彼道易我。（“鸟兽不可以同群，吾非斯人之徒与而谁与？天下有道，丘不与易也。”）这些话充分显示了孔子的容人容物之量。孔子不好辩，也不像孟子那样对于异己思想取严峻排拒态度。《后案》与《或问》诸说，大抵是按照自己预定的模式去进行图解的。

不过，原壤夷俟章也确实有些蹊跷。据我浅见，也许正因为原壤是孔子的故旧，所以孔子才这样对待他罢。如果我们不是认为孔子的一言一行都必须符合规范，而是认为孔子也是有七情六欲的人，那么，这个问题或许容易理解一些。我们在日常生活中有时会以轻言说重话，有时也会反过来，在严肃的形式中蕴涵着轻松的内容。是不是可以把原壤夷俟这一章用后者来理解？孔子并不是真正在生气、发怒、打人。（这岂不比夷俟更不合于礼法？）在生活中，我们有时也会以表面似乎十分严重的口吻或动作去对待自己极熟识的朋友。这只是在亲昵中含有微讽。如果孔子也是同样的话，那才能像黄氏《后案》所说：“非谩骂故人也。”

一九九一年六月十二日

孔子的神圣化

我认为《论语》有一种不大为人讲到的优点，即此书编者没有为尊者讳，纵使是一些攻击詈骂，也如实采录，而并不回避。例如,《宪问篇》记微生亩、石门晨门、荷蒉者,《微子篇》记楚狂接舆、长沮、桀溺、荷蓧大人,对孔子的讥嘲指责,如“为佞”、“鄙哉”、“德衰”、“四体不勤,五谷不分”……都十分激烈,令受者难堪;但编者仍忠实地记录下来,无所掩饰。这是不大容易做到的。

我们从《论语》中固然读到了孔子正襟危坐所发挥的大道理,但有时也可以从孔子的某些言行,得窥其颜貌和心态。孔子一向被视为不苟言笑的圣人。他本人也常常宣扬做人要居恭色庄。《尧曰篇》记孔子尊五美屏四恶,五美之一就是“君子正其衣冠,尊其瞻视,俨然人望而畏之”。可是《论语》中的孔子,并不总是这样道貌岸然。相反,他也是个有血有肉的人,也和常人一样,在失意时也会发感慨(如“将浮于海”或“欲居九夷”)。在不满社会黑暗时,也禁不住要发泄愤懑(如称:“不有祝鮀之佞,而有宋朝之美,难免于今之世矣”),也有感伤(如对颜渊之死),也有发脾气的时候(如责宰我昼寝,责冉求附益季氏)。孔子身上这些赋有人性的色彩,都被后世《论语》注疏者设法冲淡或掩盖了。从而孔子被尊崇为神化的至圣先师。

首先把孔子神圣化的是他的弟子。《子张篇》记子贡的话说:“仲尼,日月也,无得而逾焉。”又说:“夫子之不可及也,犹天之不可阶而升也。”这种顶礼膜拜在孟子书中就更发扬光大了。孟子也像子贡一样称颂孔子“自生民以来,未有夫子也”。《公孙丑篇》还记载了宰我的赞词:“以予视于夫子,贤于尧舜远矣。”这可以说开启了后世尊孔的先河。宰我曾因昼寝而被孔子责为“朽木不可雕也”,所以孟子在引述他的话前,特别加以声明说："宰我、子贡、有若，智足以知圣人，污不至阿其所好。"意思说，不能因宰我有小污而废其言，否定他那知圣的智慧。《滕文公篇》记孔子殁，弟子守制三年后，将归，入揖于子贡，相向痛哭。子贡筑室于孔子冢上坛场，再独居三年后反。下面还记载了一件事值得注意。子夏、子张、子游见有若的相貌像孔子，他们由于思念孔子而不可复见，故欲尊有若以作圣人，行朝夕举事之礼。子夏、子张、子游这样做，显然是要把孔子当作偶像来崇拜，可以说是到了迷信的地步。此事受到曾子的制止。曾子说，不可。孔子皓皓然清明不可尚；如江汉以濯之，达到至清不可污的地步；如秋阳以曝之，达到至明不可掩的地步。意思是说孔子已臻至清至明的完人，无人可比的。实际上，曾子把孔子看得更神圣，以为有若仅仅貌似孔子，就以侍奉孔子之礼去侍奉他，乃是一种亵渎。

一九九一年六月十日

谈鲁迅小集

一

鲁迅在一九一八年发表的《生命的路》，今天读来还使我们感到它的分量。他说："无论什么黑暗来防范思潮，什么悲惨来袭击社会，什么罪恶来亵渎人道，人类的渴仰完全的潜力，总是踏了这些铁蒺藜向前进。"这是多么雄壮，多么勇敢，多么充满信心！他的热爱一直倾注在那些被侮辱被损害的卑微灵魂身上。即使像《阿Q正传》这篇被人歪曲为作者"心里藏着可怕冰块"的讽刺小说，如果我们理解他那"哀其不幸，怒其不争"的基本命意和唤醒昏睡麻木的自觉企望，那么，无论如何也不能够把"冷嘲"和"滑稽"这种曲解胡说去侮辱作者的。长期以来有一种偏见，以为揭发弊端就是出于心怀恶意。但是要知道……对于旧的批判得愈深，对于新的则爱之弥切。我们应该这样理解鲁迅，也应该这样理解那些怀着真诚的爱去揭发社会弊端的作家。

摘自一九五三年所写《人格力量与思想力量》

二

……写鲁迅传不必拘于一格，如果有人采取另一种写法，像车尔尼雪夫斯基写的以别林斯基文学活动为中心《果戈理时期俄罗斯文学概观》那样，从我们现代文学史的波澜起伏的背景上，理出鲁迅的思想脉络和他在每一历史阶段留下的战绩，那也是很有意义的。不过，这就需要对鲁迅的对手，如早期代表文化传统派的《甲寅》杂志、陈西滢和他所属的新月派首领胡适、提倡语录体小品文的林语堂和以苦茶名斋的周作人，以及在另一领域内，而属同一营垒的创造社、太阳社，直到晚年时"左联"内部的两个口号之争，都进行系统的探讨，占有充分材料，才能作出公正的史的评述。如果只根据鲁迅本人的文章来品评，明于此而昧于彼，那就会使他的许多针对性的观点难以索解。似乎我们至今还没有充分掌握鲁迅对手的资料，把双方的观点摆出来，作出实事求是的深入评述。今天我们可以用清醒冷静的头脑公正地去评价过去我们文学史上的那些功过是非了。不能以单纯的顶礼膜拜之情，更不能以意气用事的褊狭之见来代替科学的论断。让我们采取车尔尼雪夫斯基在《果戈理时期俄罗斯文学概观》中论述别林斯基与波列伏依、森柯夫斯基、歇维辽夫的论争时，以及在论述别林斯基所属的斯坦凯维奇小组和赫尔岑所属的奥格辽夫小组之间发生分歧时，那种忠于历史、尊重事实、公正无私的良史直笔吧。

摘自一九八一年所写《关于鲁迅研究的若干设想》

三

鲁迅写的《论辩的魂灵》、《牺牲谟》、《评心雕龙》等杂文中所勾画出来的强词夺理的诡辩，十分深刻地揭露了一直在我们社会中流传不绝的阴鸷反噬之术。试举第一篇的一则为例：

> 你说甲生疮。甲是中国人，你就是说中国人生疮了。既然中国人生疮，你是中国人，就是你也生疮了。你既然也生疮，你就和甲一样。而你只说甲生疮，则竟无自知之明，你的话还有什么价值？倘你没有生疮，是说诳也。卖国贼是说诳的，所以你是卖国贼。我骂卖国贼，所以我是爱国者。爱国者的话是最有价值的，所以我的话是不错的，我的话既然不错，你就是卖国贼无疑了！

我们是多么熟悉这种诡辩术。如果有人采用综合研究法，从逻辑学和文化心理学角度加以剖析，揭示这种诡辩怎样玩弄权诈，乃是很有意义的。可是这项工作，鲁迅研究者没有去做。为什么竟遗漏了比马克·吐温《竞选州长》所揭露的造谣报纸更可畏、更毒辣如上述“鬼画符”之类的丰富材料呢？似乎没有人去探讨鲁迅著作中这方面极有价值的材料……

摘自一九八一年所写《阴鸷反噬之术》

四

鲁迅似乎从未提到龚自珍。首先，照理说，鲁迅和龚自珍有许多相通的地方，为什么鲁迅对他没有只字涉及呢？这是我百思不得其解的。章太炎曾斥龚自珍“欲以前汉经术，助其文采，不素习绳墨，故所论支离自陷，乃往往如谵语”。这种指责是极不公允的，只能视为经学今古文之争的门户之见。我不能断定在对龚自珍的评价上，鲁迅是否受到了章太炎的影响。我希望有学力的研究者作出深入的探讨……章太炎曾在《訄书》中说：“瘢夷者恶燧镜，伛曲者恶绠绳”，便是对于社会上反对揭示真相的讽刺文学的有力驳斥。可以看出鲁迅曾吸取了章太炎那种犀利的讽刺笔法。其次，章太炎对魏晋时代文学作了再估价，恢复了它在学术史上的应有地位。在这一点上，鲁迅也很可能受到他的影响。鲁迅曾校《嵇康集》，写过《魏晋风度及文章与药及酒之关系》。他喜爱阮籍、嵇康等人的文章，一扫前人奉儒家为正宗、对玄学家和清谈家所采取的不屑一顾的成见，而肯定阮嵇等人非汤武、薄周孔的反礼教的积极一面。他在涉及古代文论时，每每征引陆机、刘勰之说，并以新见解加以引申，不仅殚其底蕴，且发扬光大，使之至今仍具有生命力。例如，他对《文赋》中的“榛楛弗剪”这一论点的阐发就是明显的例子……

摘自一九八一年所写《关于鲁迅研究的若干设想》

五

鲁迅说章太炎在革命史上的业绩比学术史上的要大，鲁迅和太炎在思想倾向上是很不同的。但是，如果不把学术上的承传当作简单的模仿或因袭，而视为潜移默化的汲取，那么，我认为鲁迅对国学的某些看法，在一定程度上是受到太炎的影响的；不论这影响是自觉的，还是不自觉的。

蔡元培称鲁迅曾受清代学者的濡染，认为他杂集会稽故郡杂书，校《嵇康集》，辑谢承《后汉书》、古小说、唐宋传奇，编汉碑帖、六朝墓志目录、六朝造像目录等，全用清儒家法。鲁迅自称，他在写作上先受严复后受太炎影响。我认为，鲁迅受太炎的影响，除早期文言文喜用古字和成为鲁迅文章特色的犀利笔法外，还有其他一些方面，现简述如下。

章太炎继顾炎武、钱大昕、朱彝尊的余绪，破千年来的偏见，对魏晋南北朝学术思想，作出再认识、再评价。他的《五朝学》可以说是一篇为魏晋玄学所作的有力辩词。这篇文章以汉末与魏晋作对照，批驳后世所谓魏晋俗弊之说，用史实证明汉末淫僻之风远过魏晋。《五朝学》说："经莫穹乎礼乐，政莫要乎律令，技莫微乎算术，形莫急乎药石。五朝名士皆综之，其言循虚，其艺控实，故可贵也。"这是对于魏晋玄学的很高评价，发前人所未发。鲁迅早年校《嵇康集》，写小说《孤独者》魏连殳采用阮籍居丧故事，这些事本身就说明了他对魏晋玄学的态度。后来他撰《魏晋风度及文章与药及酒之关系》,就更说明了他对那个时代的学术思想的重视。这篇文章的着眼点与《五朝学》不同,但从学术渊源来看,仍可发现两者之间的某种关联。最为突出的是这两篇文章都提出了玄学和礼教的关系问题。应该说这一儒玄可通的观点滥觞于《五朝学》。按照以前的说法,两者是很难调和的。如王何解儒经就曾被儒家极端派斥为“罪深于桀纣”。太炎据史论玄学兴起之原因,认为当时倘徒陈礼教,不易以玄远,则不足以戒奢惩贪。这是史有明证的。可是后人不见汉末风气已坏至唐则尤甚这一事实,独斥魏晋,以致责盈于前,网疏于后,是极不公正的。《五朝学》称:“五朝有玄学,知与恬交相养,而和理出其性,故骄淫息乎上,躁进弭乎下。”这也是说魏晋玄学实可纠汉末风气之弊。太炎指责魏晋的,乃是自魏文定九品官人法以来所形成的士庶区别门阀制度,故他批评顾炎武所谓魏晋矜流品为善的说法为“粗识过差”。这些看法都与鲁迅相契合。

摘自一九九二年所写《鲁迅与太炎》

六

我认为鲁迅对顾颉刚的忿詈诋諆,不能仅归于性格作风。两人交恶除萌发于“以俟开审”之类的具体事件外,也夹杂着学术观点的分歧。后者往往是更主要的。鲁迅不止一次地讥讽了顾颉刚所谓大禹是一条虫的说法。这件事应该放在一定思想背景上来看。太炎少时师事俞樾，受全祖望、章学诚影响，后来成为经古文派的最后一位大师。他对于以今文疑群经最所痛恨。戊戌前一年，太炎致谭献信中，记述他与梁（启超）、麦（孟华）诸子相遇，“论及学术，辄如冰炭”。他在《汉学论》中称：“清世言公羊已乱视听，今公羊之学虽废，其余毒遗（螫）犹在。人人以旧史为不足信，而国之史实蹶矣。”姜亮夫记太炎对他说过这样的话：“宜守家法，不可自乱途辙，杂糅古今。”太炎其他弟子也发过这样的感慨：“康南海《新学伪经考》出，则群经可读者鲜矣。崔适《史记探源》出，则史之可读者鲜矣。”孙思昉还记述了太炎曾指斥奇袤怪迂之谈，其中就有“斥神禹为虫鱼，以尧舜为虚造”，这与鲁迅之讥颉刚几乎完全一致（鲁迅在《理水》中亦嘲讽把禹当作虫把鲧当作鱼的说法）。顾颉刚主办的《古史辨》是疑古派的大本营，影响被及海内外达数十年。他以怀疑精神破经书之神化，其成就不容抹煞。顾称古史研究即在证伪与造伪之辨。这固然有一定道理，但往往流于为破伪而成新伪。疑古派固不可简单地说成就是今文派，但从基本上来看，仍可说倾向于今文。二十世纪二十年代上半期，北京学界发生争论，有“某籍某系”之说，这一说法，实含有将鲁迅与太炎联在一起的寓意。因为当时北大中文系教师多浙籍，也多为太炎弟子。《古史辨》的疑古派多重宋学，与太炎尊汉学异。据钱穆回忆，顾颉刚在中山大学教书时，以讲授康有为今文学为中心。鲁迅则对宋代理学多所訾议，他的文章曾批评宋代业儒，在小说中曾为理学家取名为“道统”，为其子取名为“学程”。这篇题名《肥皂》的小说系描写一个人物想用肥皂洗净丐女，而作者命意却在洗去假道学的伪装。我认为凡此种种都给我们提供了线索，使我们可以从学术上去探究鲁迅与顾颉刚之争的思想背景。

一九九二年

七

太炎对秦代及其学术思想的评议，也与鲁迅有某种契合。太炎撰《秦献记》、《秦政记》，为秦代申辩，称贾生过秦为“短识”。他认为秦皇微点，独在起阿房，以童男女三千资徐福渡海求仙诸事，而“其他无过”。太炎文录有《与王鹤亭书》，其中说：“经术之用，不如法吏明矣。”鲁迅对秦代及其文化没有像太炎上述这样肯定的评价，不过，他在早年所写的《文化偏至论》等文言文中，对“平等自由之念，社会民主之思”的指责，与太炎的两记颇有相通处。《秦政记》称：“古生民平其政者莫遂于秦”，两记并以此为主导思想去评骘秦代文化。鲁迅在《华德焚书异同论》中，为始皇叫屈，说他与攻陷亚历山德府的阿拉伯人、希特勒之流不可作同日语。认为后者也做不出始皇所做的书同文、车同轨的大业。秦代无文，鲁迅在《汉文学史纲要》为李斯独立一篇，称他尚有华辞，而在划一文字上则有殊勋。其第七篇合贾谊和晁错为一章，强调贾谊的法家色彩（司马迁是以屈原贾生合传的）。而文中称贾不如晁“深识”、“沉实”，则似乎多少受到太炎所谓“短识”的影响。鲁迅曾明言，自己有庄周的“随便”与韩非的“峻急”。他说“背了这些古老的鬼魂，摆脱不开，时常感到使人气闷的沉重”。我认为从以上所揭示的一些资料，可以进一步发掘鲁迅与太炎在学术思想上的关系。

摘自二〇〇六年出版的《人物·书话·纪事》

八

从《二心集》开始，鲁迅虔诚地接受了被他认作是党的理论家如瞿秋白、冯雪峰等的影响。这一时期，他的不少文字带有特定意义上的这种遵命文学色彩。例如，他对“第三种人”的批判、对文艺自由的论争、对阶级性的分析，以及对大众语和汉字拉丁化的意见等等，都留下了这样的痕迹。

现试举另一例。早期，鲁迅在一九〇七年写的《文化偏至论》中说“布鲁多既杀该撒，昭告市人，其词秩然有条，名分大义，炳如观火；而众之受感，乃不如安东尼指血衣之数言。于是方群推为爱国之伟人，忽见逐于城外。夫誉之者众数也，逐之者又众数也，一瞬息中，变易反复，其无特操不俟言；即观现象，已足知不祥之消息矣”。这分明是排众数的主张。但是，他在一九三四年写的《又是“莎士比亚”》和《“以眼还眼”》，对杜衡援引莎剧《裘力斯·凯撒》所描写的这同一历史事件，却作了完全不同的评价：“我就疑心罗马恐怕也曾有过有理性，有明确的利害观念，感情并不被几个煽动家所控制所操纵的群众，但是被驱散，被压制，被杀戮了。莎士比亚似乎没有调查，或者没有想到，但也许是故意抹杀的……”布鲁特斯（布鲁多)不仅在文艺复兴时代,而且也在启蒙运动时代,都被当做推翻专制暴君的英雄加以歌颂。鲁迅在早期也是持这种观点,可是后来他不再提了。上面那些为群众辩护的话,显然是牵强的。它使人感觉到鲁迅担心如果不作一些肯定的评价,会使人丧失对群众的信心,其实这是多余的。在罗马以后十几个世纪,俄国思想家车尔尼雪夫斯基曾这样说到专制时代的俄罗斯:"可怜的民族,奴隶的民族,上上下下都是奴隶。"列宁评论这段话说:"公开的和暗藏的俄罗斯奴隶是不喜欢回忆这些话的。然而我们却认为这是本着对祖国真正热爱所说的话,是因感慨大俄罗斯民众中间缺少革命性而吐露的爱国热情的话。"就是按照马克思主义的观点也并不主张一定要讳言群众的落后性,或者甚而把群众加以理想化的。

在这几年中,纵使从鲁迅身上也可以看出当时的某些思想倾向的影响。早年,他经常提到的个性、人道、人的觉醒……在他的文字中消失了。直到他逝世前,才开始超脱左的思潮,显示了不同于《二心集》以来的那种局限性,表现了精神上新的升华。他最后发表的那些文章:《我的第一个师父》、《女吊》、《死》、《凯绥·可勒惠支版画选集序目》等,写得既沉郁又隽永。

摘自一九八八年所写《鲁迅思想的曲折历程》

九

鲁迅晚年答徐懋庸曾用了一个不大被人注意的用语"破

落户飘零子弟”。这一说法很值得玩味，可惜他未深论，只是举出几个特点，如喜欢叽叽喳喳搬弄是非等等。后来我读杜亚泉论游民与游民文化的文章，杜指出过剩的劳动阶级与过剩的知识阶级结合在一起，就产生了游民文化。这种文化以尚游侠、喜豪放、不受约束、不计生计、嫉恶官吏、仇恨富豪为其特点。又说这种人有两面性：一面夸大骄慢，凡事皆出于武断，喜压制，好自矜贵，视当世人皆贱，若不屑与之齿者；另一面则是轻优浮躁，凡事皆倾向于过激，喜破坏，常怀愤恨，视当世人皆恶，几无一不可杀者。我觉得这些话颇可用来作为“破落户飘零子弟”的注释。

摘自一九九四年所写《“破落户飘零子弟”》

十

……我一直希望多一些有思想的学术和有学术的思想。倘不是在非常时期，知识分子毕竟应在知识领域中发挥作用，而不应抛弃自己的本来职责。记得少年时读到鲁迅在抗战前夕所写的一篇文章，他说他所能做的仍是运用手中那支笔，这笔是五分钱买来的，名字叫作“金不换”。这句话很能代表我今天的心情。我们只是想做一些我们认为有意义而别人没有做的事。

摘自一九九四年所写《学术集林》卷一《编后记》

十一

长期以来，在学术思想领域里散播了过多的仇恨，这还不仅仅是“阶级斗争一抓就灵”之类所产生的政治影响，在学术领域里也存在着问题。鲁迅是我从青少年时代一直膜顶崇拜的作家，读他那些冷静表壳下抑制不住地迸发出来的激情文字，使我至今仍感到灵魂上的震撼。但鲁迅也不是超凡入圣的神明，他也有他的缺点和局限。他曾自称身上存在着韩非的峻急和老庄的随便。如果我们看不到他的宽阔胸怀，只把他在愤激时所说的意见，如称吃鱼肝油不是为了所爱的人而是为了所恨的人，又如说自己不惜从最坏方面去看人等等作为原则而突出出来，那就失之于一偏了。很遗憾，现在有些作者往往不去思考这类问题，批评争论对手时以骂得刻骨镂心、淋漓尽致为快。我觉得我们还缺少一些宽容精神。前人有两句话很值得我们注意，这就是“和而不同”和“群而不党”。这种精神也许可以消除一些拉帮结派党同伐异的无原则纠纷。

摘自一九九四年所写《和而不同　群而不党》

十二

从二十世纪初以来，莎士比亚在中国并没有获得好运。

“五四”新文化阵营中有不少人是以弘扬文艺复兴精神自命的，可是他们对于西方文艺复兴的这位代表人物，却显得十分冷漠，对他尚不及对那些无论在才能或成就方面远为逊色的作家的关注，仅仅因为这些作家属于弱小民族的缘故。我们只知道胡适曾鼓励别人翻译莎剧，但很少人知道他早年是贬责莎士比亚的……鲁迅虽然没有贬莎论调，但莎士比亚并不是他所喜爱的西方作家。他没有写过专门谈论莎士比亚的文章，当论战的对手提到莎士比亚的时候，他才涉及他，说《裘力斯·凯撒》并没有正确地反映罗马群众的面貌。“五四”时期的一些代表人物不喜欢莎剧，虽然各有各的理由，但主要原因除了具有功利色彩的艺术观之外，也可能是由于已经习惯了近代的艺术表现方式，而对于四百多年前的古老艺术觉得有些格格不入。

摘自一九九七年所写《“五四”时期不喜欢莎士比亚》

十三

年轻时读鲁迅《新文学大系小说二集序》评王鲁彦的作品，有一段话说：“秋天的雨，‘无心’的人，和人间社会是不会有情愫的。要说冷静，这才真是冷静，这才能和‘托尔斯小’的无抵抗主义一同抹杀‘牛克斯’的斗争说，和‘达我文’的进化论一并嘲弄‘克鲁屁特金’的互助论。对专制不平，但又向自由冷笑。作者是往往以诙谐之笔出之的，但也因为太冷静了，就又往往化为冷话，失掉了人间的诙谐。”

初读鲁迅这段话我不懂是什么意思。事隔多年，才忽有所悟。所谓“对专制不平，但又向自由冷笑”，这是指一种“太冷静”、“没有心的参与”（即文中说的“无心的人”）的诙谐。在这种诙谐（或今天所谓的调侃）下，什么理想、崇高、道德、真善美……统统滚他妈的蛋！这个世界上再没有什么值得尊重的东西，让每个人身上都抹上一点屎吧。鲁迅那些话就是对这种极端虚无态度的批评。可是为什么托尔斯泰成了托尔斯小，马克思成了牛克斯，达尔文成了达我文，克鲁泡特金成了克鲁屁特金呢？日前杨扬来访，他正在编王鲁彦文集。我问他王鲁彦是否曾说过“托尔斯小”一类的话。他回答说，记忆中无此印象。我请他回去帮忙查查看。不久，他打电话来说，在王鲁彦一篇小说《袖子》里果然查到了。这篇小说是写作者和他的友人T君在街上去看杀头，在慌忙中，T君撞倒一个行人。作者就这件事说：“撞倒一两个人有什么要紧呢？况且人家的头要被割掉，你们跌一跌又算什么？托尔斯小先生说过：‘自由之代价，血与泪也。’那么我们为要得到在这许多人马中行走的自由，只好请你们出一点血与泪的代价了。”从这段话来看作者的态度很明显，正是鲁迅说的那种“对专制不平，但又对自由冷笑”。王鲁彦把几个伟大人物的名字更改了，其意若谓：你们不是说托尔斯泰伟大吗？我偏说他“小”，所以叫他托尔斯小。其他可以此类推，达我文者，“我”乃“尔”（你）之反，一字之易，使得达尔文心里根本没有了“你”，只剩下一个“我”字。而“牛克斯”乃对马克思之蔑称，“什么马克思牛克斯”在当时早成为某些人的口头禅。至于“克鲁屁特金"则更是露骨的詈骂了。

摘自一九九八年所写《托尔斯小之类》

十四

如何看待鲁迅在思想上是反专制的,为什么在章太炎影响下接受秦始皇?我的意见是,应当把章太炎的思想当作当时的一种思潮来看。章太炎虽然肯定秦始皇,但他也是反对专制主义的。直到民国后他还以大勋章为扇坠,跑到总统府去诟骂袁世凯称帝。这事曾使鲁迅感动。在此之前,章发表过不少反专制的文章,我曾在文章中提到《訄书》的反专制统治之文,这些文章令人展卷方诵,血脉已张。但是他为什么又去赞扬秦始皇呢?这种矛盾看来似乎是思想的任意倾斜,其实是有时代背景的。自清末,神州大地经三千年未有的奇劫巨变,到了生死存亡关头,救亡图存是这几代人所面临的重要问题。中国要御侮,要富强,首在精诚团结,克服所谓"一盘散沙"现象。柳诒徵在《学衡》上撰文称:"爱国合群之名,洋溢人口,诚实者未尝不为所动。"即是指此。章太炎早年曾撰《明独》,阐明大独与大群的关系。他说:"夫大独必群,不群非独也。"这里说的大独似乎个人独立,而大群则近乎今天所说的集体主义精神。可见在那时个体与群体是不矛盾的。"五四"前,卢梭思想已介绍到中土,卢梭的《社会契约论》对当时的改革思想、革命思想起了很大的作用。章太炎所谓"大群",正是卢梭包括全民在内的集体，他像卢梭反对“众意”而主张“公意”，从而反对小团体、小宗派一样，他也反对亲缘宗族的所谓“小群”。这不仅是章太炎一个人的思想，康有为破九界倡大同说，谭嗣同申言“无对待”等等，莫不如此。孙中山也有同样主张，他曾说：“中国人只有家族主义和宗族主义，没有国族主义。”后来毛泽东也认为族权宗祠以至家长的家族条规是束缚人民特别是农民的四大绳索之一。所以我以为这是当时的时代思潮，而它的产生是有具体历史背景的。过去我不理解“五四”时期为什么要主张非孝而反对家庭，我感到奇怪，“五四”时期主张非孝的人如胡适、鲁迅在行为上却是信守孝道的。中国旧社会的家庭，也并不都像“五四”时代所描写的那么黑暗可怕。那时只有梁漱溟对中国的家庭比较肯定，这几乎是唯一的例外。我觉得他所作出的好坏两方面分析，倒是实事求是的。近来我读了一些材料，再考虑这个问题感到可以理解了。用上面所援引的章太炎的说法，这个问题似乎不难解决。这就是他说的“大独必须大群，无大群即无大独”。这句话是直接指引到集体主义的。因为照章太炎来看，要实现大群，首先必须大独。所谓大独，即是从小团体、小宗派中解放出来，破除亲缘宗法的一切羁绊（当时所说的封建，并非指西方的封建概念，乃是指我们的宗法制度、宗法社会）。这恐怕是“五四”时期把非孝和反对家庭作为反封建的一个主要原因。至于为什么鲁迅既反专制，又赞成秦始皇的问题，我想，这是由于秦始皇在六国纷争后，终于完成了全国统一的大业。这在当时看来，对中国是最为重要的。鲁迅就曾对秦推行的书同文、车同轨，表示了赞许。我曾经用历史走错了房间来解释卢梭的社会契约论。一些倡导自由平等的人,往往会从他们以幻想绝对的集体主义为终极目标的主张中,导致专制主义。这是他们想不到并违反初衷的。

摘自一九九九年所写《对于“五四”的再认识答客问》

十五

“五四”在中国思想史上曾发生重大作用,可是后来却成了历史的讽刺,个性消亡了,变成了为政治服务的工具,变成了螺丝钉,独立精神、自由思想荡然无存了。许多人是到了三十年代左倾化之后,才放弃个性解放精神的。像鲁迅这样伸张个性的思想家,也是在那时候说自己属于遵命文学的。鲁迅的思想有曲折的发展过程。他自己也说过是由进化论到阶级论。大革命时,他受到血的教训变成阶级论者以后,他的思想左倾了,说自己是遵命文学。诚然,他并不是遵奉统治者、权势者、压迫者的命令,和那些奴颜媚骨的投机家有着根本区别,显示了一贯的正直与骨气。但这并不能使他不犯错误,因为一旦跨入遵命文学,就难免会使自己的独立精神、自由思想不蒙受伤害。二十世纪三十年代,他参与批评文艺自由与第三种人运动,是受到极左路线的影响。当时第三国际提出了反对中间派的口号,中国共产党在“左”倾路线的影响下,同样把中间派作为主要打击对象,认为中间派比反动派对革命的危害还要大。文艺界也伤害了一些不应伤害的文学家(比如施蛰存当时就被当作第三种人，魏金枝也被当作第三种人的同情者而遭批判)。如果鲁迅当时不是依靠政治信念，而是以自己的独立思想来明辨是非、分清曲直，他也许不会造成这种失误。此外，同样由于政治倾向，鲁迅在答托洛斯基派陈某的信中，也作了错误的判断，怀疑他拿了日本帝国主义的金钱。托派也是极左的派别，我并不赞赏。鲁迅所指摘的那个人，在信发表六七年后，因抗日被捕并在日本特务机关被害。但鲁迅到了晚年，也逐渐领悟这种遵命文学是有弊端的。这一点，从他在不少书信中对于那些被他称为“元帅”的文艺界党的领导的抱怨与微词，以及声称要按自以为然的道理去做……这些情况来看，是有迹可寻的。他给萧军信中劝他不要参加组织，认为“在外边”还可以做些工作，恐怕也是同样心情的流露。

摘自一九九九年所写《对于“五四”的再认识答客问》

十六

我喜欢《文心雕龙》跟鲁迅对刘勰这部书的推崇是有关系的，鲁迅书中有五处论述到《文心雕龙》，都是极其精辟的。比如，《文心雕龙·辨骚篇》有“才高者菀其鸿裁，中巧者猎其艳词，吟讽者衔其山川，童蒙者拾其香草”四语，鲁迅说刘勰在这里所要阐述的是那些《离骚》的模仿者，“皆着意外形，不涉内质，孤伟自死，社会依然，四语之中，含深哀焉”。鲁迅用短短数语就道出了其中的涵义。他说刘勰这四句话，隐寓着悲哀：那些模仿者没有一个人看出屈原的深刻思想。他们不知屈原的成就不仅在文学上显示出华彩，而且更重要的是对社会所发出的正义呼号。我原来是读过《文心雕龙》的，当时就看不出这里面有这么沉痛的意思。读了鲁迅的简短评语后，再读《文心雕龙》就有深层体会了。此外，《文心雕龙》另一篇文章《程器篇》中说“将相以位隆特达，文士以职卑多诮，此江河所以腾涌，涓流所以寸折者也。名之抑扬，既其然矣，位之通塞，亦有已焉”。鲁迅对此评价说“东方恶习，尽此数言”。从这里我们可以看到鲁迅对中国文化有极其精深的见识。现在为什么不在这领域进行很好的开拓呢？

从历史评价方面来说，鲁迅不能免掉“五四”时代文化的局限。“五四”文化思想对我们的好处很多，但也有它的局限，哪个时代没有它的局限？没有局限的社会不是真实的社会，没有局限的人不是一个真实的人。中国传统文化中有很多好的方面，需要继承，但不能因为有好的方面就全部接受，要有鉴别；同样也不能因为有坏的地方就一概否定。“五四”时代往往做不到这一点。但国外就不是这样。比如柏拉图曾赞成奴隶制。但柏拉图在思想文化领域有很多真知灼见，对于西方文明具有深刻影响，我们接受他的思想文化遗产时不去接受不好的方面就可以了。难道可以说我们赞成柏拉图就是赞成奴隶制吗？外国人就没有由此喊出“打倒柏家店”的口号。我们对待孔子也应该这样。

现在鲁迅研究中重复的东西太多了，没有新意，思想狭隘。鲁迅的领域大得很，不要只抓住一些问题谈，要扩大研究视野，开拓出去，这样鲁迅研究才能有更广的发展前途。

摘自二〇〇四年所写《清园谈话录》

十七

龚自珍论孔子观人提及"怪虎豹"的话，使我想起鲁迅也有类似的看法。一九三六年，鲁迅去世前不久，《作家》上刊出了他的一篇《半夏小集》，后来收入《且介亭杂文末编》。这篇文章包括几则各自独立的短文，其中有一则谈到，庄子认为他死后身体可以随便处置："在上为乌鸢食，在下为蝼蚁食"，结果都一样。但是鲁迅不同意这种看法，他说："假使我的血肉该喂动物，我情愿喂狮虎鹰隼，却一点也不给癞皮狗吃。养肥了狮虎鹰隼，它们在天空、岩角、大漠、丛莽是伟美的壮观，捕来放在动物园里，打死制成标本，也令人看了神往，消去鄙吝的心。但养一群癞皮狗，只会乱钻、乱叫，可多么讨厌！"

当时我看不懂这段话的意思是什么。我记得鲁迅在他的早期著作中曾说过，他的身上背负着两个古老的鬼魂，一个是韩非的峻急，一个是庄周的随便。《半夏小集》所引用的庄子的话就是一种随便的态度。由此推想，鲁迅这则短文大概是要表明摆脱早年背在他身上的庄周的鬼魂罢。但这样解释，毕竟未明根本。直到最近在写《谈四代篇》时，才忽然想到鲁迅赞美"在天空、岩角、大漠、丛莽"出现的狮虎鹰隼，岂不正像龚自珍赞美高山丛林中的"怪虎豹"？鲁迅憎恶"只会乱钻、乱叫的癞皮狗”，岂不正像龚自珍憎恶那批“庸俗、卑吝、猥琐的侏儒”？这种胸襟、这种思想，不也同样表明，在一个风雨飘摇动荡不安的时代，对于一种坚强的性格、充沛的精力、巨大的气魄的期待或向往？鲁迅写下这段文字的时候，正是日寇蠢蠢欲动、国家面临存亡之秋，他的忧思掺和着时代的声音、社会的呼喊，凝聚成一片。这段话是怀着沉重的心情写下来的。

摘自二〇〇四年所写《清园谈话录》

谈胡适小集

一

蔡元培曾称胡适家学渊源，为绩溪胡氏（胡培翚）之后。胡适后来更正了这一说法。不过，胡适少时在家乡亲友熏陶下，也确实受到他后来在口述自传中所说的“我国十九世纪一些高等学府的治学精神”的影响，这是指由当时龙门书院山长扬州著名经师刘熙载和南菁书院山长名儒黄以周等所传播的学术空气。胡适在口述自传中，特别提到龙门书院所刊印的朱熹、张载等人的语录。他对张载说的“为学要不疑处有疑”这句话留下了深刻印象。（按：唐德刚在《胡适口述自传》注中怀疑此语非张载所说。查张载《经学理窟·义理》有云：“观书者释己之疑，明至之未达，每见每知所益，则学进矣，于不疑处有疑，方是进矣。”胡适所记不误。）胡适对作为自己治学要旨的这个“疑”字，曾多次阐释过它的来历，但说法不一。有时他说自己也说不出他的存疑治学方法是从哪里来的。言下的意思似乎是经过长期琢磨，逐渐发展出来的。这可以解释为他受到多方面的影响，而不是承袭一家之言。但有时从他的话又可理解作，他终身谨守的治学方法，是他在哥伦比亚大学读书时，翻阅《大英百科全书》偶然发现的（参见胡传唐注）。可是在另一处地方，他又明确宣告，在治学方法上使他深深得益的是杜威说的“系统的思想和批判的法则都是在怀疑状态下产生的”。还有比这更明确的表白：“近几十年来，我总欢喜把科学法则说成是‘大胆的假设，小心的求证’。我一直承认我对一切科学研究法则中所共有的重要程序的理解，是得力于杜威的教导。”至于“拿证据来”这一原则，也不是承继传统、来自乾嘉学派，而是源于当时美国盛行的科学实验室精神。胡适说这句话是赫胥黎说的。

《胡适口述自传》第六章唐注一称：“治近代学术史的人，每把胡适列入古文家。胡先生向我说，他绝不承认这顶帽子。”他认为自己搞的是科学方法，而“马融、郑玄懂得甚么科学”？胡适对宋儒的评价也不高，他认为“宋儒讲格物全不重假设”，而只是有一些归纳的精神。他把朱子说的格物真积力久可以“一旦豁然贯通”，看作是“追求绝对的智慧”，是反科学的。把小程子说的“道着用便不是”，解释为“绝对非功用说”，是不可为训的。他对清代学术则相当尊重，曾特别称道顾亭林、钱大昕、戴震、阎百诗、高邮王氏父子等的考据训诂之学，并把清人所用的例证通则附会为大胆的假设。他说，他对中西校勘学的殊途同归的研究方法，颇感惊异。但是，同时他又认为西方的方法，“远比中国同类的方法更彻底、更科学化”。因为清人只有两部《皇清经解》作为治学的成绩，这跟三百年来西方科学的成绩比起来，“相差不可以道里计”了。胡适在这里作了一个不可比的比较。清代没有诞生近代自然科学是事实，但这属于另一问题，倘责之上述那些清代考据学者则是失于一偏的。

胡适在口述自传中直言不隐地承认，他于一九一六年写的《论训诂之学》，是约翰·浦斯洛（John P. Poslgate）教授为大英百科全书十一版写的有关版本学 Lextual Criticism 一文的节译。他还说，他于一九一七年撰写的博士论文，“所用的方法和主要出发点，是与传统的中国学术截然不同的”。这些都可证明胡适受到我国传统治学方法影响并不很深。他对北宋的批评方法和清代的考据训诂之学采取了一定的赞赏态度，是由于他发现它们和他信守的西方治学精神与治学方法有契合之处，以后者为依据去衡量前者的结果。胡适似乎很少对中国传统学术与西方不同的、其本身独具的价值与特点，给予肯定的评价。这里可以举一个例子。胡适是现代新红学的开宗大师。他在《红楼梦》研究上所作出的贡献是不容抹煞的。可是他对《红楼梦》本身的评价却很低。根据《胡适口述自传》第十一章唐注五的记述，胡适说：“《红楼梦》不是一部好小说，因为它没有一个 plot（故事情节）。”而推动他从事研究这本书的原因，据他本人说只是为了试试运用实验主义的治学方法。一九六〇年，他在致苏雪林信中说：“我写了几十万字考证《红楼梦》，差不多没有说一句赞颂《红楼梦》的话。”他认为，“在见解上，《红楼梦》比不上《儒林外史》；在文学技术上，《红楼梦》比不上《海上花列传》……”胡适这样说是文学趣味问题，但正是由 plot 这一不高明的文学批评标准所形成的文学鉴赏力，才会有这样的文学趣味。

一九九三年

二

胡适在口述自传中对清代学术作了总结，指出有三大成就（整理古籍、训诂、考古），也有三大缺点：一是清人大都摆脱不了儒家一尊的成见，所以研究的范围大受限制。一是清人除了用经书、史书、子书作训诂和音韵的比较研究外，就再没有其他参考比较的材料。上述两种情况确实存在，虽然他并没有提到形成这情况的历史原因，而只是常识性的泛泛而论。至于他说的另一种缺点，则是可以讨论的。即他认为清代学者太重功力，而忽视了理解。胡适曾撰文论述清代学术，推重清人的重证据精神。顾亭林以一百六十个证据证明“服”字古音读作“逼”，阎百诗以三十多年工夫考明《尚书》中的古文为伪作，钱大昕据数十例考定古无轻唇音及舌头舌上之分，高邮王氏以二十六例释“焉”字之通则……胡适对这一类治学工夫，都曾倍加称颂。表面看来似与口述自传批评功力之说相悖，但并不矛盾。因为这符合他的“拿证据来”的原则，但清人治学偏重归纳法，其弊端如胡适所云，“决不能把同类的例都收集齐了，然后下一个大断案”，因此必须以演绎法与之相济。胡适心目中的演绎法，即他说的“寻得几条少数同类的例时，我们的心里就起了一种假设的通则”。这假设的通则不是别的，正是他倡导的“大胆的假设”。所谓大胆的假设，用他的说法，乃是一种“艺术”，一种“想象的功能”。

胡适在日记中记他于一九三七年初与汤用彤所作的一次

谈话。日记中说，汤对胡自认胆小，说只能作小心的求证，不能作大胆的假设。胡适说这是“谦词”。依我看，这未必是谦词，而是老实话。这表明两人在治学方法上存在分歧。胡适在日记中也承认“锡予的书极小心，处处注重证据，无证之说虽有理亦不敢用”。凡读过汤著的人都会有同样的感受。汤著《汉魏两晋南北朝佛教史》、《魏晋玄学论稿》等，迄今仍被人认真阅读，并往往加以征引。而胡适的《中国哲学史大纲》之类，已被后出的著作所取代了。这也多多少少说明两人治学方法之间的短长所在。

一九九三年

三

近日检出胡适《什么是文学》一文。此文作于一九二〇年十月，次年收入亚东版《胡适文存》，一九二五年又收入文明版的《胡适白话文钞》，一九三五年再收入希望版《胡适论说文选》，最后收入《新文学大系》中的《建设理论集》。可见他是把这篇文章当作他一贯倡导的文学主张。文章说：“文学有三个要件：第一要明白清楚，第二要有力能动人，第三要美。”胡适把明白清楚作为第一要义，从这一原则出发，他反对文章用典，无论古典今典，他都反对，因此他在评骘陈寅恪的时候，认为陈的文章写得不好。既然提倡明白清楚，要求文章使读者可以一览便知，因此也就谈不到含蓄与蕴藉了。胡适在别处又提出:“有什么话,说什么话,话怎么说,就怎么说。”因此就出现了胡适嫌“丁文江传”的书名不好,改用“丁文江的传记”来取代这样的事。照他看,只有后者才是合于口语的白话文。但是我感到奇怪,难道“丁文江传”就叫人不懂了么?后来瞿秋白提倡大众语,把白话文也当作非驴非马的“骡子文学”。这是更激进的主张,但在根底里仍不脱主张言文一致的窠臼,只不过是将言文一致更推到极端,要求达到言文同一罢了。我于战前在北平读中学时,曾参加校中同学组织的新文字研究会。那时新文字运动就在大力贯彻废汉字,用拉丁拼音,采取方言等主张。我还记得有人提出倘用拉丁拼音写上海人说的“回到屋里厢去”,岂不会被外地人误会成“回到窝里去了”吗?当时这类问题有很多,争得很厉害,甚至鲁迅都出来为新文字讲了话,但是终于这条路并没有走通。

一九九八年

谈杨遇夫

杨遇夫(树达)于五十年代初撰《积微翁回忆录》。书无凡例,我只知它是以原始日记为底本,再加以增删润色而成。《回忆录》中有一些避讳,如称某为妄人,未书其名字,犹《越缦堂日记》之于赵之谦。又对某些人只胪列其著作名称,而隐去姓氏,如《观古堂文钞》、《说文籀文考证》略去著者叶德辉名字即此类。再如,作者将建国前与建国后的书籍出版审读机构,统称之为编译局,显然是用代称。这些地方并非出于粗疏草率,读者倘能细审,就不难踪迹作者的用心所在。这本《回忆录》看来似乎平板朴拙,文字缺乏雕缛成体的华彩,但只要从容含玩,潜心冥会,则必有所获。

遇夫先生承清代朴学传统,师法高邮王氏,为现代小学大师,专精汉学。陈寅恪称他为汉事专家,并世无两。戊戌前入湖南时务学堂,后留学日本,通英、日两种文字,受欧洲语源学(etymology)的影响。在语言学研究上学兼中外,多从语源追溯字义之始。从学术渊源上来说,他属于清代学术中的皖派。这派由江永、戴震开基;程瑶田、王念孙、段玉裁、孔广森继之。俞樾私淑高邮王氏,太炎亦属此一学派。皖派主张实事求是,具有解放精神,故能发展。与皖派相对应的是吴派,这派大师惠栋信而好古，偏于墨守。其弟子江声、余萧客等更流于抱残守缺。《回忆录》中尊太炎，而对黄侃颇有微词，人多以为这是出于个人恩怨，其实究其根，乃在学术观点上的分歧。《回忆录》说：

> 季刚（黄侃）受学太炎，应主实事求是；乃其治学力主保守，逆转为东吴惠氏之信而好古。读《诗》必守毛、郑，治《左氏春秋》必守杜征南，治小学必守许氏。于高邮之经学，不论今古文家法惟是之从者，则力诋之……

这里所说的不论今古惟是之从，正是皖派实事求是精神的一种体现。在学术中，这种治学态度具有一种解放精神。遇夫有《温故知新说》，大意谓温故而不能知新者，其人必庸；不温故而欲知新者，其人必妄。他在《回忆录》中明言，前者为黄侃，后者指胡适。他曾撰文驳胡适《吾我篇》，以为胡是用西方文法强套中国文法。

毋庸讳言，《回忆录》中偶或也流露出一些自负的口吻。但这绝不是毫无自知之明的轻薄妄语。他注疏经籍，考释文字，每当有所发现，往往难以隐藏像庖丁解牛后的那种踌躇满志之情。治学者都会理解这种创作激情迸发时刻所带来的喜悦。这种感情虽稚气却优美，像孩子般的天真无邪。博学知服，虚己从善，是老一辈学者的懿德。他们也尊重别人身上的这种品质。《回忆录》中曾记他与胡适辩论《诗经》中"于以"二字的训诂，一九二二年九月二十三日记曰："胡君闻义则服之美，世所罕见。而辩论之有益，于此大可见矣。"《回忆录》

又记，他将自己所撰《释醨篇》等三文寄太炎。一九三三年四月七日记曰："按《释醨》乃于（太炎）先生《文始》之说献疑，先生不以为侮。《古有上声说》乃纠黄季刚，季刚固先生尊弟子也。先生颇以余说为是。于此知先生胸中只有真理，绝无人我之见存。"他对太炎的尊重，对王国维的敬服，对陈寅恪的真挚友情，往往情见乎辞，溢于言表。其中对王国维尤为推重。他读《观堂集林》后，曾有这样的记述："胜义披纷，令人惊倒。静安长处，在能于平板无味事实罗列中得其条理。故说来躁释矜平，毫不着力。前儒高邮王氏有此气象，他人无有也。"他称王国维校理卜辞，"功力绝深，每下一义，泰山不移"。他把陈寅恪称为畏友，这可以举他的"朋友独畏陈夫子"这首诗为例。其中援引故事称："攻金敢望追荀羕，请序犹思效懋堂。"前句自注云："彝铭考释近代孙仲容（诒让）最精。章太炎先生亡命东京时，仲容与通书，自署荀羕。"后者指他的《积微居小学金石论丛续稿》请寅恪作序。注云："段氏为《说文注》，请王怀祖（念孙）叙之，余愧学不逮段，而君则今之怀祖也。"文字间流露友情，也流露了敬重。遇夫对后辈也是虚心从善的，后辈弟子在考释上有新说创见，他也采录至书中，加以表彰（如对周秉钧、郭晋稀等）。

遇夫于抄袭之风最所痛恨，尝云"剿说为大不德"。他曾撰《汉书所据史料考》，揭班固《叙论》不载其父（班彪）续《史记》六十五篇事。又揭颜师古左袒班固，说他和班固一样将其叔父（游秦）之说攘为己有。他对班、颜两大家也不客气，责他们是"遗亲攘美"、"攘善盗名"，这是十分严厉的。在这个问题上，他绝不苟且，认为哪说在前，哪说在后，自己所据，取自何人，皆须一一注明。他自己则恪守这一原则，一旦发现雷同他人，必将己稿删汰，或加说明。《回忆录》中多此类记载。一九三六年五月二十七日记：“‘叨愤’读‘饕餮’，王静安先有此义，见刘盼遂记。因此余遂削去‘叨愤’解一文。”一九三七年四月十九日记：“读陈昌齐《淮南子正误》。余前校槽柔读酋矛，陈已先言之矣。”一九四〇年七月十八日记：“阅《说文释例》。谓丹为彞之古文，已先我言之。”一九四七年二月二十六日记：“阅《刘申叔遗书》。太炎云，己即跽字，先余言之。”《回忆录》中还记载了他请沈兼士为《小学金石论丛》写序，序中纠正了他的某些观点，他虚心地认为“说颇当”，欣然接受。这种虚己服善的态度，现在似乎渐渐消失了。但我认为，学术发展是靠这种优良的学风来促进的。

遇夫六十初度，朋辈赋诗祝寿。刘天隐寄来寿诗有这样两句：“学津还溯周秦上，风度平居魏晋间。”当时正是抗战时期，他过着流离颠沛的困苦生活，住在湖南乡下，物价奇腾，饥肠无米，子女失学。他的诗中有“荒山忍饥写图经”，“却愁乳燕不起飞”等句，可作为他当时生活的写照。在这种艰难处境中，他的好学不倦精神是令人敬佩的。王啸苏曾撰文记述当时情况：“抗战时任教辰溪，寇机屡至，湖大且被炸甚剧。吾二人同寓马溪，避机入洞中，先生仍手不释卷，虽有轰轰之声，亦若为不闻者。”考其本人记述，在《回忆录》中差不多天天都有读书的记述，纵使在舟中、车上，亦是如此。《回忆录》中时有“夜中寐觉，忽得一义，晨起疾书之”、“今在枕上姑得此义，疾起书之”、“秉烛书之”之类记载。当时学人以多读互励。如一九三四年一月二十九日记陈寅恪来书云：“公去年休假半年，乃能读书。弟则一事未作，愧羡愧羡！”一九四三年四月二十九日记：“沈兼士由重庆来书，告已微服入川，索余近来文字。行装甫卸，即通书求益，兼士好学之笃，令人惊叹。”他们都专心致志，肆力于学，而很少有别的要求，这大概就是刘天隐所谓魏晋人的淡泊风骨罢。《回忆录》中有一段记述是十分感人的。一九四六年十二月二十四日记：“杨（德昭）著《尚书核诂》，颇为王静安所称赞。时（清华国学研究院）同学数十人，王以杨为首选。近年颓放，酷嗜雀牌，学遂不进。社会无学术环境，诱导之者皆恶事，致令优秀之士不能有大成就而死，个人与社会当分负其责者也。”遇夫治学为人，我觉得陈寅恪为他撰写的《积微居小学金石论丛续稿序》说得最是中肯：“百年以来，洞庭衡岳之区，其才智之士多以功名著闻于世。先生……讲授于南北诸学校，寂寞勤苦，逾三十年……著书高数尺，传诵于海内外学术之林，始终未尝一藉时会毫末之助，自致于立言不朽之域……孰得孰失，天下后世当有能辨之者。”抗战时遇夫困顿乡间，曾自撰《像赞》：“身居环堵之室，而心会乎先民制作之精；蔬食布衣，而时为明日之无有兢兢。智乎愚乎！将以俟夫天下后世之公评。”我认为这几句话颇写出了他自己的胸襟怀抱。直到晚年，他仍坚守学术独立立场。陈援庵在信中嘱他不要法高邮，而法韶山。他不为所动，亦未复信，却将此事函告至友陈寅恪。寅恪复书语多讥讪。（信中说：“援老所言，殆以丰沛耆老、南阳近亲目公，其意甚厚。弟生于长沙通泰街周达武故宅，其地风水亦不恶，惜艺耘主人未知之耳，一笑。”）当时正是阿谀奉承风行的年代。（这里可举一个例子：建国后，毛泽东《清平乐·蒋桂战争》墨迹在报上披载后，立即出现了这样的颂词："主席并无心成为诗家或词家，但他的诗词却成了诗词的顶峰。主席更无心成为书家，但他的墨迹却成了书法的顶峰。例如这首《清平乐》的墨迹而论，'黄粱'写作'黄梁'，无心中把粱字简化了。龙岩多写了一个龙字。'分田分地真忙'下没有句点。这就是随意挥洒的证据。然而这幅字写得多么生动、多么潇洒、多么磊落！每一个字和整个篇幅都充满着豪放不羁的革命气韵。在这里给我们从事文学艺术工作的人，乃至从事任何工作的人一个深刻的启示。那就是人的因素第一、政治工作第一、思想工作第一、抓活的思想第一，'四个第一'的原则，极其灵活地、极其具体地呈现在了我们的眼前。"——郭沫若：《红旗跃过汀江》）陈、杨一反时流，可以说是为数不多为中国文化默默工作的学者。

我和遇夫先生没有交往，建国前我在北平教书时，曾用过遇夫先生在商务出版收入"大学丛书"的《高等国文法》，只此而已。我撰写此文除了对他表示敬仰外，也由于我感到他的治学精神在今天实有介绍的必要。

一九九二年七月三十日（次年文末略作增补）

记熊十力小集

一

一九六二年秋，我持韦卓民先生介绍信，往淮海中路二〇六八号拜见十力先生。去前，卓民先生嘱告："近年来，十力先生谢客来访，他脾气古怪，不知见不见你。"当我走上公寓西侧一座黄色小楼，在十力先生门上看到贴着一张信笺，纸已褪色，字墨尚浓。大意说，本人年老体衰，请勿来访。其中说到自己的身体情况十分具体，记得有面赤、气亏、虚火上延之类的话。

我怀着惴惴不安的心情敲了几下门，开门的是一位六十上下的人。这就是当时正为他誊写《乾坤衍》的封先生。他把我延至客厅，即持介绍信入里间。等候了二三分钟，十力先生从隔壁走来。他的身材瘦弱，精神矍铄，双目奕奕有神，留有胡须，已全白，未蓄发，平顶头，穿的是老式裤褂。我表示了仰慕之意，他询问我在何处工作，读什么书等等。这天他的心情很好。他的态度柔和，言谈也极儒雅，声调甚至近于细弱。当时我几乎与人断绝往来，我的处境使我变得很孤独。我觉得他具有理解别人的力量，他的眼光似乎默默地含有对被侮辱被损害者的同情，这使我一见到他就从自己内心深处产生了一种亲和力。这种感觉似乎来得突兀，但我相信它。在我们往来的近三年内，我从未谈过自己的遭遇，他也从未询问过。直到他去世十多年后，我才从他的哲嗣世菩夫妇那里得悉，十力先生对我的坎坷经历和当时的处境十分清楚，并且曾为之唏嘘。

摘自一九九一年所写《熊十力二三事》

二

我是从我个人接触来谈自己的感受，我并不想以此推翻别人的说法，如说十力先生性格怪僻，脾气不好等等。平心生前就向我提到一些事，我想他说的是事实。十力先生自己也向我讲过，他在四川复性书院讲学时和马一浮发生的一次争吵，尽管他们是相契的朋友，马一浮还曾以蠲叟别号为他所撰的《佛家名相通释》签署，为《新唯识论》写序。十力先生师友弟子多称他性格狂放，意气自雄，认为他具有一种慑服人的气概。他在自己著作上署名“黄冈熊十力造”，颇引起一些议论，因为在印度只有被尊为菩萨的人才可以用这说法，据传他也曾经自称“熊十力菩萨”。他在论学时往往意气风发，情不自禁。有一次他与张东荪论学，谈得兴起，一掌拍在张的肩上，张逡巡后退。诸如此类传说，不一而足，使他在人心目中成为一个放达不羁的古怪人物。但他也有亲切柔和、平易近人的一面，大概由于太平凡罢，很少为人述及。我以为不揭示这方面，就难以显示他的完整人格。

我经十力先生允诺后，几乎每周走访一次。他身上有些神秘的东西。他在著作中曾记述，民国六年，他自武昌赴荆襄，参与守军独立。事败，辗转军中，七年入粤。一日午睡，忽梦他的五弟继刚陈尸在床，他不禁抚遗体痛哭，醒而泪痕犹湿。后离军返乡，始知五弟确已去世。他认为梦是预兆休咎的，不能尽以变态心理去说明。我探访他不久，有一次，他很认真地给我看相，可能他把这当作识人的一种方法。我觉得他的神秘主义是和儒家思想有距离的。

我曾向他请教佛学，这时他已由佛入儒。在他起居室内，有三幅大字书写的君师帖。一居中，从墙头直贴到天花板上，上书孔子之位。一在右，从墙头往下贴，上书阳明先生。一在左，也从墙头往下贴，上书船山先生。他听我要学佛学后说："你学佛学做什么？现在没有人学这个了。"据我当时理解，他并不是菲薄佛学，而是对我这种学不干时的态度有所感慨。但他是随和的，同意我向他请教，并约定用通信方式笔谈。

摘自一九九一年所写《熊十力二三事》

三

十力先生在二十世纪六十年代初，自称晚年已由佛入儒，对于阳明、船山二王之学,最为服膺。那时他的身体已很虚弱,他在写给我的一首诗中曾说到自己“衰来停著述,只此不无憾”。其实当时他并未停止写作。我每次去看他,都在他的书桌上见到一叠叠经过大量涂抹删改的稿纸。这就是后来由中国科学院影印出版的《乾坤衍》。我认识他以前,还在新华书店科技门市部见到正在发售的他的另一部著作《原儒》。这两部书都是研究儒学的。他的佛学著作是早年写的,建国后似乎并未重印过。依我的浅见,他可以算得上是“五四”后老一代佛学专家中屈指可数的几位代表人物之一。他和汤用彤先生交谊颇厚,两人都是佛学名家。汤著《汉魏两晋南北朝佛教史》曾引十力先生就鸠摩罗什赠慧远偈所作的诠释。我不知道此文见于十力先生何书,曾请问过他。据他说,这段文字不是引自他的著作,而是应汤先生所请托,为汤先生所写的。从这件事来看,可见汤先生对他的佛学造诣是很器重的。

摘自一九七九年所写《记熊十力》

四

十力先生曾惠赠我战前由北大出版的《佛家名相通释》上下二册。书已陈旧,上面还有他用朱笔写的“仲光读本”四字。书中有两处眉批,大概是他准备增订的地方。现抄录如下:

上卷六十四页反面“无为法”,引《大智度论》,上有墨批:“无为相者,无相之相,此实在无形无象,虽现为有为,而不可谓无为之相，即是有为。比如水成冰，冰相坚固，不可说水相即是冰。”

上卷七十六页“四谛”条，释“集谛”义原注“三界”一段文字，末句“一切烦恼及业，能为感苦之因，故说名集”。以朱笔加重点线，并于上端朱批：“感括一切苦果。”

书中另有一笺，墨笔书写，大概是作为以后改订之用：

第八行，至第九行。法相是无着学，唯识是世亲学二句，今改云：法相广博，盖自无着开基。（法相学，广分别一切法。平列而谈，无着是其开宗大哲也。其根本大典曰瑜伽师地论，亦称大论。）唯识谨严，独幸世亲克荷。（世亲初治小乘学，后承其兄无着之教，舍小入大，著百法，成唯等论，以一切法摄归唯识。法相之学，至是而系统谨严，是克担荷无着之业也。宜黄欧阳大师，以法相、唯识分为二宗，余未敢从，说见新唯识论附录。）

摘自一九九一年所写《熊十力二三事》

五

读了《佛家名相通释》，使我深受教益。诚如先生在志其缘起的序中所云：“疏释名相，提挈纲领，使玄关有钥，而智炬增明。”我对先生近于魏晋风骨、清新洒脱、机应自然的文字风格尤为服膺，书中警句至今尚可背诵。我曾向十力先生谈到自己的读后心得，认为书中所揭示的分析与综会，踏实与凌空，四者兼顾而不可偏废，诚为读书要诠。我向他背诵了书中的话:"吾常求此于人,杳然无遇,慨此甘露,知饮者希,孤怀寂寥,谁与为论。"十力先生听我说着,不禁颔首微笑,表示了他的高兴。十力先生曾向我讲述他治佛学的艰苦,面对浩如烟海的内典,茫然无所措手足。曾有一个时期,他埋头在明人的疏记中,废寝忘食,而所获甚微。他说这些话无非鼓励我勤奋好学,但我由于怠惰荒疏,终未入门,深感愧疚。

摘自一九九一年所写《熊十力二三事》

六

《佛家名相通释》中提出今日治哲学者,于中国、印度、西洋三方面必不可偏废。作者认为"佛家于内心之照察,与人生之体验,宇宙之解析,真理之照会,皆有其独到处。即其注重逻辑之精神,于中土所偏,尤堪匡救"。这段话也许说得过头了一点。事实上,自先秦起,我国古代就已涌现出大批名辩思想家,如:邓析、宋钘、尹文、彭蒙、慎到、尸佼、兒说、田巴、惠施、公孙龙,至《墨辩》更为发扬光大,不能说我国没有逻辑学的传统。黑格尔《哲学史讲演录》独标中国史学,而认为中国古代哲学则不免粗疏浅陋。这不是公允的意见。不过,我们也应该承认,自佛法东来,印度梵典的重逻辑精神,特别是在理论的体系化或系统化方面,确实对我国文化产生了巨大影响。这里可举一例说明:六朝前,我国的理论著作只有散篇,没有一部系统严密的专著。且到刘勰《文心雕龙》问世,才出现了第一部有着完整体系的理论著作，从而章学诚称之为“勒为成书之初祖”。刘勰精于佛法，在重逻辑精神上不能不说是受到梵典的一定影响。目前我们出版的文学史还很少涉及中外文化交流这一领域。甚至缩小一点范围来讲，连佛书流入中土后所形成译业宏富的翻译文学，至今也很少有人注意。

书中论到佛学的特点。作者以为：“以今哲学上术语言之，不妨说为心理主义。所谓心理主义，非谓是心理学，乃谓其哲学从心理学出发故。”接着，作者从宇宙论、人生论、本体论、认识论四个方面加以剖析，并作结语说：“吾以为言哲学者，果欲离戏论而得真理，则佛家在认识论上，尽有特别贡献。”十力先生申明自已整理佛学所遵守的原则是“根柢无易其固，而裁断必出于已”。这句话很重要。今天我们剖析佛学，一方面应切忌简单化的一笔抹煞，单是斥责它的迷信虚妄蠹国殃民，从而把历史上出现的这一有着深远影响的学说或思潮看成一无所是全盘错误的陈迹。另一方面也应切忌简单化的生吞活剥，没有切实理会其来历，便望文生义，逞臆妄说，只是在行文中徒有其表地点缀着一些新名词、新术语，而对于探究佛书的真面目却毫无裨益。

摘自一九七九年所写《记熊十力》

七

书中曾谈到读书之要。且撮录两条如下：

凡读书,不可求快,而读佛家书,尤须沈潜往复,从容含玩,否则必难悟入。吾常言,学人所以少深造者,即由读书喜为涉猎,不务精探之故。

贪多求快几乎为读书界的通病,甚至不少从事研究工作的人也难免此弊。我接触过一些青年,大抵平时并不精研原典,一旦提笔作文,就临时抱佛脚,仓促翻阅经典著作,不顾时间、地点、条件,也不问上下文的文义,各取所需,为我所用。倘要扭转此种不良学风,首在改变不求其解、囫囵吞枣的读书习惯。作者所谓"沈潜往复,从容含玩"这八个字正可作为读书的良箴。

再如谈到精读的方法:

每读一次,于所未详,必谨缺疑,而无放失。缺疑者,其疑问常在心头,故乃触处求解。若所不知,即便放失,则终其身为盲人矣。

能不能做到"必谨缺疑,而无放失",就是在读书上知难而退还是知难而进的分界线。读书可以作为一种消遣,但目的还在学习。作为专业学习对象的精读书,都应一遍又一遍地读下去,否则就不能吃透其中容易一眼滑过的重要内容。精读之要,首在必谨缺疑,使读不懂、吃不透的疑问常在心头。而解决疑难的办法即在"触处求解"。这四个字说的不仅是反复思量,查阅有关参考书,并且也包括把问题和实际联系起来去追究,去推敲,以便使书中窒碍皆去,脱尔神解。

摘自一九七九年所写《记熊十力》

八

十力先生学宗二王，现被尊为新儒学开宗大师。但他并不只重义理，而是兼综踏实与凌空二义。据先生所下定义，所谓踏实者，乃“必将论主之经验与思路，在自家脑盖演过一番，始能一一得其实解。若只随文生解，不曾切实理会其来历，是则浮泛不实，为学大忌”。所谓凌空者，乃“掷下书无佛说，无世间种种说，亦无己意可说。其唯于一切相，都无取著，脱尔神解，机应自然，心无所得，而真理昭然现前”。这见解倘加细玩，必得读书之要领。我觉得，十力先生在治学方面所揭橥的原则“根柢无易其固，而裁断必出于己”，最为精审。我自向先生请教以来，对此宗旨拳拳服膺，力求贯彻于自己治学中。自然能否达到是另一问题，我虽不能至，心向往之。十力先生治学似较偏重颖脱超越一路，而对某些小节则不大注意。我曾向他请教禅法中的四等义，他可能年老记忆衰退，一时未能答对。在考据训诂方面，十力先生常遭非议，人说他辨真伪多出臆断，任意改变古训，增字解经。这些评骘出自对他诚服崇敬的同辈或友人，不能说没有一些道理。他重六经注我、离识无境之义，于现代诠释学或有某种暗合，可能会受到赞扬。但我以为训解前人著作，应依原本，揭其底蕴，得其旨要，而不可强古人以从己意，用引申义来代替。我并不反对注释者根据自己的时代经验，以今度古，作出价值判断。这在阐述古人著作时，甚至是不可或缺的。但原义的底蕴与注释者所揭示的义蕴，二者不可混淆。余英时先生曾以 meaing 与 significance 说明其间区别，是十分确切的。我觉得十力先生所立的原则，即“根柢无易其固，而裁断必出于己”，是精辟的，可惜他在实践方面未能贯彻始终。不过，他对佛书的领悟，确有十分出色的地方，往往迥拔群伦，自成一家之言。他用心理主义去阐释法相宗，就是一例。他所谓心理主义并不就是心理学，乃是说其哲学是从心理学出发。他从宇宙论（三界唯心，万法唯识）、人生论（以此心舍染得净，转识成智，离苦得乐）、本体论（即心是涅槃）、认识论（自心起执相貌，故初假寻思，而终于心行路绝，由慧解析，知其无实，渐入观行，冥契真理）去阐释佛法。这些阐发给我极大启迪。

摘自一九九一年所写《熊十力二三事》

九

先生所服膺的二王之学，我没有好好钻研，不敢妄议。我只能谈谈自己的一些粗浅的看法。十力先生早岁忿詈孔子，中期疑佛，最后归宗大易。他曾对龙树的大雄大勇无所不破的精神深表敬服。由佛入儒后，一反以往，以大易立人极之旨对此加以批驳。他恪遵“天行健，君子以自强不息”之义，演大易翕辟成变之论，从而构成一完整的思想体系。我以为，不论他的哲学经过怎样的发展与变化，其核心仍在“本心”这一概念。有的学者认为，十力先生的体用论出，乃一大转变。由于他的体用论有摄体归用、万物真实之旨，于是说他“接近于唯物论”。但是，细察十力先生本心说之根柢，则不得不承认贺麟辨析《明心章》之明澈。贺评写于一九四七年，至今读来，仍觉深邃有据。十力先生所谓本心，即仁，即生生不息、凝成众物、而不物化、新新不已的“绝对本体”。这个刚健的本体（或本心）之显现，如贺氏所说，“有其摄聚而成形象的动势，名曰翕；有其刚健而不物化的势用，名曰辟。所谓心物即是辟翕两种势力或过程”。一辟一翕，恒转不已。心与物交参互涵，不可分而为二，而是一个整体的相反相成的两个方面。十力先生既不承认唯物论，也不承认唯心论。贺氏称他为泛心论者，庶几乎近之。他认为有物即有心，纵使在洪荒时代，心的势用即随物而潜在。体用一如，心物不二，这就是十力先生哲学的真谛。他不墨守二王之学，而有所发展。他参照柏格森的生命哲学，而有所批判。他的哲学是称得上为一家之言的。以上理解不知是否恰当，我以为这方面的研究尚待深入。

摘自一九九一年所写《熊十力二三事》

十

十力先生自居儒家，他像宋明儒者一样，泛滥于佛老，反求于六经。他自称其学为“玄学”，这并非一时兴到之语。十力先生七十寿辰时，马一浮赠诗有“萧山孤寺忆谈玄”。直到暮年，他对庄子兴趣未减。他给我来信时皆书斋名“漆园”，或“漆园老人”。他这样偏爱庄子，我想可借用他论张江陵的一句话:“以出世态度做入世学问”来阐明。他虽然最不喜六朝清谈名士,但从生活上来看,我觉得他颇有魏晋人的通脱旷达风度。有一次,我去访问他,他正在沐浴,我坐在外间,可是他要我进去,他就赤身坐在澡盆里和我谈话。他不是性格深沉内向的人。他的感情丰富,面部常有感情流露,没有儒者那种居恭色庄的修身涵养。卓民先生说,这次沪上相会,一见面他就号啕大哭,使卓民先生深觉不安。最后几年,他无论在生理上还是在心理上,都经受着老年人才有的痛苦的折磨。他和我谈到自己的消化不良,常常便秘,成为他天天发愁的事。他未装义齿,无法咀嚼,由封先生为他煮一点烂面软饭,生活上照料得并不好。他向我说,离京前原想入川,可是董老(董必武)劝他说:“年老了,还是和儿子住在一起好。”所以他到上海来了。世菩承厚贤伉俪住处并不宽敞,条件也差。十力先生为了坚持写作,住在淮海中路寓所,有五间房屋,可是亲人都有工作,不能来照料了。我是在“文革”风暴前夕,最后见到他的。“文革”开始,就此音讯隔绝。一九七九年底我才平反,听到他的去世消息,已经是他离开这个世界十一年了。

摘自一九九一年所写《熊十力二三事》

十一

十力先生于一九五九年出版的《明心篇》,对孟子曾有微词。我不想为他的以大同反小康思想作辩解,但我认为他把孟子所主张的以圣王治天下称为“谬想”，是含有反对专制主义深意的。孟有胜于孔处，也有不及孔处。孔子有攻乎异端之说，但他毕竟主张和而不同，这就比孟子不息不著的激切说法显得宽容了。

摘自一九九二年写《〈思辨发微〉序》

十二

（一月十五日）清晨骤寒，降至十摄氏度以下。日出后，风力稍减。《明心篇》批释氏日损之学云，佛以贫为惑者，“其实彼所谓惑，尽有不必是惑”。此语精审，极是。熊氏谓佛氏一切修行德用均为对治一切惑而设。又引《大学》，言修齐治平一段有五欲字，并释孟子所欲所恶，以申明所欲毕聚，人道大畅之旨。但又称孟子仍守小康，以圣王治天下为谬想。（十月十八日）晴。熊氏文章重逻辑，思辨性强，善用比，足征晚年仍受佛家文风影响。唯笔力渐衰，不及《通释》精练……其文凡探寻幽深处皆写得好，一入伦理之域，则不免平庸陈旧。如所作义利之辨，公私之辨，理欲之辨皆属此类。（一月十九日）晴……熊氏所说的反己体认即儒家之内在超越。所谓仁心无一毫私意掺杂，实与尚同去私传统思维无异。熊氏称佛为反人生对抗，又称僧肇深于老庄，谓其栖神累冥之方不能破除冥相。其称顾亭林虚己服善之语颇可采。又称，“小己之私欲，莫大于贪财”。（一月二十日）晴……《明心篇》颂庄子语颇多。

如称“其思深微，其识高远，肤学之徒，或疑庄子反对科学，是犹大鹏升云霄而览六合，小鸟卑视于薮泽，不信大鹏之所见也”。此可用来评关锋之说。熊氏记惠庄关系极动人，令人心胸豁然。（一月二十一日）晨阴冷。读熊氏书使人引发出一种精神力量，此近人著作所无也。

摘自一九九二年冬客居南粤时所写日记

十三

近读《十力语要》，其中有些话虽针对当时，却也适用于今日。如称：“知识之败，慕浮名而不务潜修。品节之败，慕虚荣而不甘枯淡。”这是指一些人对于未经深探的新学新说……袭取外人的皮毛，其后果则是毁弃了自己的本性，从而渐渐失去了“独立研究与自由发展之精神”。

摘自一九九四年写《〈思辨随笔〉序》

十四

唯新唯洋是从的风气与四十年来教条主义的感染不无关系。教条主义与趋新猎奇之风看起来相反，实则相成。两者皆依傍权威，援经典以自重，而放弃自己独立见解。沿习既久，惰性已成，个性日丧，创造力终于斫伤尽净。殆至无权威依傍时，则不能创一说立一论，沉迷其中，而不知自省。十力先生《尊闻录》批赶时髦者说："不知而信之，惊于其声誉，震于其权威，炫于社会上千百无知之徒辗转传说……天下唯浮慕之人最无力量，决不肯求真知。"他从而提倡一种"孤往"或"孤冷"精神。他说："凡有志根本学术者，当有孤往精神。""人谓我孤冷，吾以为不孤冷到极度，不堪与世和谐。"……清自乾嘉后，陈澧、朱一新辈，曾着力阐述治学态度与治学精神，倡导一种优良学风，但均为人所忽略。当时学术界偏重政治之改革，无暇顾及学术自身问题。康梁严复诸人，变法维新之书，世相争阅。陈澧、朱一新之论虽精，但风尚所偏，终为所掩。殊不知学风影响世风，从而会对政治发生相当大的作用。学术思想和政治并不是无关的。

摘自一九九四年写《孤往精神》

十五

我深深服膺十力先生所言：不萌自足之念和不抉标榜之私的学风。他曾特别揭出"虚己服善"这四个字，以为亭林、船山诸老遗范可师。十力先生的放达性格最易被人误解，以为他是那种意图一手推倒天下豪杰的妄自尊大者。可是读了上面那些话，谁还能这样去看待他呢？他是一个很会读书的人，常以自己的至情与作者精神相冥会。如他读庄，曾就《天下》

所叙，称惠施应黄缭之问，遍及万物而不休，乃是一大科学家。他看出庄子描写惠子博学之神趣是极详尽、极生动的。又称，庄子责惠施的逐物之学，只在其不知反己，而并不在其所阐发的科学思想。这实是高远之见，为肤学者所不能道。我尤其赞赏他论庄惠关系的几句话："二人学术不同，卒成至友，博学知服，后人无此懿德也。"的确，学术界似乎尚缺乏这种气量与风度。我谨记这几句话，为的是鞭策自己不忘涤除逞强好胜之风。

摘自一九九二年写《〈思辨发微〉序》

十六

《十力语要》说："吾国人今日所急需要者，思想独立，学术独立，精神独立，依自不依他，高视阔步，而游乎广天博地之间，空诸依傍，自诚自明，以此自树，将为世界文化开发新生命，岂唯自救而已哉？""五四"时期，所倡导独立思想，自由精神，这一点似比简单地以西洋为师的主张为高。王国维、陈寅恪、熊十力等，皆主张空诸依傍、精神独立，决非泥古不化、墨守传统。观熊对传统文化之批判可知。又，熊十力于二十世纪五十年代初《与友人论张江陵书》中称："学术思想政府可以提倡一种主流，而不可阻遏学术界自由研究、独立创造之风气。否则，学术思想锢蔽，而政治社会制度何由发展日新？"熊老在二十世纪五十年代有此等议论，足证翟志诚指摘熊十力建国后谄媚当道之说，实属诬枉。学术与政治关系问题，迄今仍在争议。我赞成熊老所谓学术衰敝将影响政治不振之说。《十力语要》有这样一段话："哲学有国民性，诸子之绪，当发其微。若一意袭外人肤表，以乱吾之真，将使民性尽毁，渐无独立研究与自由发展之真精神，率一世之青年，以追随外人时下浅薄之风会。"此语发自半个多世纪以前，但今日这种风习依旧，此实可悲。《语要》又说："东方文化其毒质至今已暴露殆尽，然其固有优质待发扬者，吾不忍不留意也。"这些话多为人所不知，以至他被目为一个只知歌颂传统的国粹派。

摘自一九九四年所写《〈十力语要〉》

十七

十力先生并不是一个食古不化的人。他对东方文化的认识，甚至比今天一些自命有思想的学者要清醒得多。近年来海峡彼岸一位论者曾对他痛加指摘，措词严厉，甚至夹杂着詈骂。斥他"既骄且吝，好名好胜而又目空四海，时时贪、痴、嗔三毒习气横发而又不知自检"。这使我想到忒耳西忒斯式的那种酷评伎俩。我不知道论者是否把具有特色的大批判带到彼岸？十力先生不断修订自己的观点是出于追求真理的热忱，而不是趋承上意，取媚权势，凡熟悉他的人都对此有所理解。但这位论者却别出心裁，判定他于二十世纪五十年代初删削《新论》，乃是迎合当局反宗教宣传。这真是惊听回视之论。其实，在此以前他早已由佛入儒。我以为他后来在《明心篇》中所说："吾惟以真理为归，本不拘家派。但《新论》实从佛家演变出来。"这几句话道出了他在反思佛学时删削旧作的真正原因。可是论者的政治情结对十力先生于一九四九年在去留问题上的选择深表反感，以致耐不住呵责他在大陆的十八年是"虽生犹死"，而所著"每一本新书都可以说是一种负积累，标志着他学术水平的倒退"。这还不够，论者同时还对他的为人也作了寻垢索瘢的挑剔。我不想对这些武断呆语进行辩解。

据我所知已有人对论者的考释作了辩正。好在十力先生所撰各书俱在，读者自可参考。倘有人对这些著作的得失成败不虚美不掩恶，作实事求是的探索，倒是大有裨益的。但这就需要躁释矜平，更不能狃于政治上的党派偏见妄生穿凿，厚诬前人。

一九九四年七月十五日

记 韦 卓 民

卓民先生逝世已有四年多了。他是我父亲的同窗好友。少年时父亲曾以卓民先生手不释卷的好学精神勉励我勤奋读书。他说卓民先生每逢假期都定下阅读计划，读书之多令他敬佩。二十世纪三十年代初，卓民先生在武昌华中大学主持校政，那时我刚进中学，适值长城抗战，北平谣诼纷传，局势日紧，我们举家南下暂避。整整一个暑假就寄居在武昌华中大学校舍中，这时我第一次见到卓民先生。当时他曾利用余暇授我们几个孩子《大学》和《中庸》。暑假后，北方局势暂告缓和，我们全家回到北平。从此一别，就是三十多年。六十年代初期，卓民先生利用暑假来沪探访亲友，重新见面时我已进入中年。那时我对黑格尔哲学兴趣正浓，提出要向他请教，他慨然应允，并约定通信讨论。他回武汉不久就按约定开始实行了。我们大约十天左右就通一次信，书札来往颇为频繁，十年浩劫曾中断，并将那些信件全部销毁。直到一九七三年才又继续通信，这次我把信设法保存下来。我从中选出几封信以《关于黑格尔〈小逻辑〉一书的通信》为题，发表在《上海师范学院学报》上，以表示哀悼。

卓民先生素重康德。建国后，他的近三百万字的译著，其中有关康德的研究占据了绝大的比重。他迻译的康德著作，不仅数量最多，而且在质量上也堪称上乘。比如《判断力批判》上卷原是由别人译述的，后来商务改请他续译下卷，就因为编者认为他更能胜任的缘故。他早年留学美国，在哈佛获硕士学位。后又留英，在霍布豪斯门下就读。其时他还遍历欧洲几家著名大学深造，达数年之久，得博士学位。他不仅精通英、法、德、俄诸语种，也精于拉丁文。他不是那种偏执一隅之解的学者，把自己的研究拘囿在狭窄的范围内。他学贯中西，深知融会古今、触类旁通的重要。他生前和我谈话时，说起他留学英国时，曾打算钻研佛学，曾向一位年老的英国女专家请教。当他得知欲通佛学，须懂巴利文，而学会这门古文字又非三五年不可，才废然而止。尽管如此，他还是读了不少汉译梵典，并与我国佛学专家结交。我认识熊十力先生并向之请教，就是经卓民先生介绍的。卓民先生也精于黑格尔哲学，晚年撰《黑格尔〈小逻辑〉评注》，此书包括部分重译、注释、评论，约七十五万言。逝世前大约已至少完成三十余万字，恐怕未能完稿。他逝世后，我曾向翰伯呼吁，收集遗稿付印出版，以嘉惠后学，深望此事得以实现。我和卓民先生通信中，曾就《小逻辑》中的一些领会和疑难，有时也提出一些不同看法请他指正。他的复信不仅对此书的体系、用语、体例以及读法和参阅有关资料提出了有益的指导，而且也时或评论其中利弊，耐人寻思。因此，我觉得发表这些信对于和我一样喜读《小逻辑》的读者可能不无帮助。

从这些信中，可以使我们看到老一辈研究工作者那种一丝不苟的治学态度。卓民先生在答复我的信时，为了一段话，甚或一个术语，往往要查阅各种版本。倘手边无书，没有查到，即在信中言明，而不肯含糊敷衍过去。他对黑格尔的用语大多几经推敲，决不望文生解，真可说是“一名之立，旬月踟蹰”。这种功夫是今天有些人不屑一顾，并轻视地加以“死抠字眼”的恶谥的。因此，在一些理论性文章中遂造成不求甚解、以讹传讹、概念混乱的种种弊端。由于这些通信是我们之间的私人信札，卓民先生对黑格尔以及国内某些哲学家的评语，未遑斟酌用字的轻重，也许未免有欠妥处。（后者已于发表时删去。在一封未发表的信中，他曾谈到我国思想史方面的贫乏，勉励我说“世兄其与我努力共勉之”的话，至今仍时时促我勤奋，使我对自己的怠惰荒疏感到了内心的疚责。）他在信中提出的亚里士多德的三段论式的产生背景，以及中世纪将其普遍化，以致黑格尔对它进行批判时，由于没有究明原委，终未切中肯綮，这些意见颇值得注意并加以进一步探讨。卓民先生不是孤立地去评价某一观点，而是追源溯流，以明其脉络，殚其统系。这种方法，尤足珍视。例如他对黑格尔《小逻辑》中的推理理论，就是上溯亚里士多德以来的传统形式逻辑，下及以后发展起来的关系逻辑，从推理理论的流变及其史的发展，把黑格尔的观点放在适当的地位，进行评价。这也是值得注意并可资借鉴的。

说来惭愧，卓民先生屡次来信嘱我钻研关系逻辑，但由于当时疏懒和多病，未能抓紧学习，终未入门。如今事冗体衰，更谈不到存此奢想了。辜负了先生生前的殷切期望，这使我深感歉疚。卓民先生指导后学是不辞劳苦、不怕厌烦的。他给我的复信往往多至十纸以上，且正反两面书写，字体端正，笔画清晰，几乎从无圈改涂抹之处。当时他已年近九十高龄，除了学校交托的任务，始终在从事写、读、译、著工作，从不中辍。他把工作安排得井井有条，可以说没有虚掷寸阴。有一次，接到他的复信较迟，读了他的信，才知道他有好几天发高热，卧床疗养多日。这封信是他起床不久，就连忙作复的。我一边读信，一边感动不已。对照前辈，我愧然觉得自己不能严于律己，以致虚度了许多本可利用来学习的大好光阴。如今愧恨无及，谨书以自劾，以勉来者。

我以上面简短的话附于卓民先生的通信后，一方面作为对他的纪念，另一方面也把他那严肃认真、一丝不苟的治学态度和诲人不倦、勉励后学的精神记录下来，作为我们这一代的学习榜样。我所接触到的老一辈研究者大都具有为我辈所不及的这种长处。他们身上的这些优点是应该一代代传下去的。让我们黾勉以赴，奋发自强，把这种研究工作者应有的可贵品质发扬光大吧。

一九八一年二月二十五日记于上海

记任铭善

任铭善先生，字心叔，江苏如皋双甸人。一九一三年生，一九三五年毕业于之江大学。曾师从锺泰、徐昂、夏承焘诸位国学大家。早年治文字、音韵、训诂之学，后专攻经学。抗战初，之江大学迁到上海，在租界内慈淑大楼租赁了几间房屋作为教室。任先生在之江任中文讲师。七七事变后，我们一家从北平逃难到上海，母亲怕我荒废学业，通过老朋友之江教务长胡鲁声教授请来任先生教我中文，以准备报考大学。我每周三次到任先生住所上一小时课。那时任先生住在忆定盘路的一条弄堂里。这条弄堂是战后匆忙建起来的一排排两层的简易楼房。当时租界因不断有逃难来的人涌入，人口骤增，房商新建了不少这种所谓新式里弄的简便楼房，任先生就住在一座楼房的底层。

我第一次去拜访任先生，看见他穿着一件长袍，个子不高，但两眼有光，神情肃然。在我和他的接触中，他似乎从未笑过。他并不是一个内向的人，也很直率，决不为了敷衍别人而随声附和。他是很讲原则的，上课时，从不跟我讲闲话。尽管任先生肃若秋霜，对人对己都有严格的要求，但他并未让人望而生畏，感到凛然不可亲近。他教我的时间不长，前后约一年光景，但他给我讲授了《说文解字》、《庄子》两门课程。《说文解字》依序按照部首一个字一个字讲的；《庄子》用的是郭庆藩的集释本，他讲授了《内篇》和《外篇》，《杂篇》则没有时间教了；《世说新语》是他指定我自己读的。我除了每周三次到忆定盘路他家里去上课外，有时他还要我到慈淑大楼去旁听他在之江大学讲课。任先生讲课时全神贯注，声音洪亮。我在他家上课时，虽然只有我一个人，他也是用同样洪亮的声音对我讲解。

任先生生活简朴，他的居室只有几件木制家具和一把作为休息用的扶手藤椅，此外别无长物。我每次去他家，都看见他端坐在书桌前，孜孜不倦地读书，从来没有闲散的时刻。他经常读的是三礼之类，都是线装本。任先生后来在礼学上造诣甚深，恐怕与他早年下过苦功夫有关。书桌上还有一方小砚台和一锭小朱砂墨。我去时，他不是在埋头攻读，就是用朱笔在书上圈点或在书眉上批注。他写的一手蝇头小楷，清丽端正。任先生教我读《庄子》，每遇到艰深难懂的句子，他总是把重要的诸家注释逐条地解说。最后再加以分析和评断，向我阐明哪家之说不可通，哪家之说费解，哪家之说才最为惬恰。倘所有注释全都不妥，而他也不能以己意解通，就取存疑态度。例如他对《养生主》中的“指穷于为薪”一句，就是如此。

就记忆所及，任先生曾对我有过几次批评，却没有对我表扬过。这不能怪他严厉，那时我正忙于抗日救亡工作，对知识学问的价值和意义还不理解。以致去任先生那里上课常常迟到，有时甚至缺席。任先生极为生气，责我自由散漫。有一次，因为我没有去上课，他从忆定盘路跑到古拔路我家中，留下一张便条，说他“久候不至”，问我为什么不事先请假，并将此事向我母亲诉说。我回到家中，看到便条，受到了母亲的责备，虽然心中有些惶然，却并没有向他表示歉意。倒是多年以后，每一念及此事，他那消瘦的面庞、两只炯炯有神的眼睛、发音洪亮的嗓音，就会出现在我面前，使我愧疚，使我不敢荒疏懈怠。

那时我读了一些左倾书，社会阅历浅，却自以为掌握了“前进的意识”，有时也在报上发表一些小文章。我曾挑出几篇拿给任先生看。他读了，只是冷冷地说：“写得不行。”接着指出：“你看你的文章气势这样急促，这是不好的。”我听了不禁感到浇了一盆冷水，心想任先生对我的要求未免太高了。过了几天任先生拿他的学生作文卷给我看。这些学生年龄和我差不多，但他们写得确实好，使人从中感到有一股清新不迫的韵味。我还记得一份描写湖边观景的作文卷，有“远山踏波欲来”之类的句子，任先生在旁加上了圈点以示褒奖。在此以前，我不知道“文气”是什么，经过任先生的点拨，我开始有点明白了。当时我还把自己正在阅读的金圣叹批杜诗请教他。他叫我不要读，说：“金批割裂了原文的气势，这是不好的。”“气”是中国传统文化的一个特有范畴。二十世纪八十年代后期，我曾撰文谈到，在西方很难找到和“气”相对应的字，但在中国文化传统中，“气”这个概念却存在于各个领域。就风格言，早在曹丕的《典论论文》提出“文以气为主”之前就已存在了。王充《率性篇》所举“齐舒缓、秦慢易、楚急促、燕戆投”就是这方面的例证。九十年代末，钱钢为我编学术年表，说我注重文气是源于任先生的教导，就是指此而言。

任先生的一生是坎坷的。“反右”时被定为“极右”，原因一是鼓动学生走白专道路，二是因龙泉哥窑遗址遭到破坏，他曾提出过呼吁和批评。从此以后，他被剥夺了各种权利，不准教书，不准发表文章，每月只发生活费三十余元，令他到资料室劳动。为了维持全家生活，他不得不将自己心爱的藏书和历代碑帖卖掉。以上这些事在《夏承焘佚闻》和任先生哲嗣任平兄等所撰写的文章中均有较详的记述。任先生曾是夏先生的高足，他们之间的关系可以说是亦师亦友，感情笃深。"反右"后，任先生身处逆境，又患重病，却仍勤奋治学。他写出的学术论文除了一九六一年暂短的宽松期偶得用本名刊出（如为《中华文史论丛》创刊号撰写《经篡小辨三题》），其他大多不能发表，夏承焘先生慨然署上自己的名字拿到报刊上去登载，稿费交给任先生去补贴家用。"文革"爆发，夏承焘先生为此多次被批斗，两人所遭到的凌辱和折磨是可想而知的。那时任先生已患肝癌绝症。"文革"次年秋，任先生终于郁郁以殁，春秋五十有四。任先生临终前，曾说了这样一句话："我死了，夏先生可以少一条罪名了。"我是直到九十年代去杭州时，才认识任平贤伉俪的。一次我专程请任平兄带我去他家拜见师母，并和师母合影留念，作为我对任先生的教泽师恩的一点表示。那时我已年逾古稀，任平兄叫我和师母并排坐下拍照。相互推让了半天，我还是站在师母的身后拍了一张照片。这张照片收入了我的画传《跨过的岁月》中。

论曰：瘢夷者恶燧镜，伛曲者恶绠绳。此所以忠言常遭忌于当道，直行多为社会所不容也。呜呼！任先生两者兼而有之，怎能不陷入悲惨之境？他的敬业精神是令人肃然起敬的。他以直道事人，也是无可厚非的。但是我有时想，他在为人处世上是不是太执著一些？对于这种品格，我不知道究竟应当加以赞美，还是为之痛惜？前些年听人说，五十年代初，任先生在大学任教务长时，一心想把教学工作做好，律己严，而且也以同样的标准去要求别人。他曾在别人上课时去旁听，发现讲解有误，就情不自禁地站起来直言说出，以至使对方感到难堪。我能够理解任先生的性格。我相信，任先生这样做，丝毫没有扬才露己、贬损别人的成分，他比那些貌似谦逊的伪善者心地要善良得多。但是，他在做法上太激切了，太缺乏考虑了。近读朱一新《无邪堂答问》，谈到和与介问题。无邪堂认为，必须接人以和，持己以介，和与介是并行不悖的。又说"若己介必以介责人，则触处皆荆棘矣"。《无邪堂答问》一书多重修身哲学，其中有许多精辟意见，令人折服，上面所引这些话也是不错的。但无邪堂是理学家，不大重视甚或轻视人的性情方面。人不是完全可以被道德规范所制约所塑造，按理性的支配去行动。人是复杂的，人的性情有时也会冲破理性的樊篱，人的美德有时也会夹杂某些负面因素。因此，人固然应该向着臻于至善的方向努力，但是没有人能够真正做到臻于至善。语云"人无完人"，亦明此理。任先生固然难免无邪堂所指出的"己介必以介责人"之病，但是我又想，倘去掉这种因素，要他和光同尘，与世推移，那么恐怕也会使他身上那种耿介正直与敬业精神随之消失。因为，某些缺陷往往是和美德混在一起的，这是性格所生成，难以分解。去掉这一方面，往往那一方面也就不复存在了。恐怕这也就是人生产生许多困扰和悲剧的原因之一吧。任先生也难逃此数。

二〇〇五年一月二十五日

记 汪 公 严

一

我早就想写一点纪念先师汪公严先生的文字，迟迟未能下笔，原因有二：一是我虽然曾由父亲领去向先生问学求教约一年，但算不上是先生的一名正式弟子。从辈分上来讲，他和我父亲虽在上世纪二十年代是清华同事，但又有师生之谊，我父亲曾向他学过画，学过古文。汪先生比我年长约半个世纪。那时，我已二十多岁，请父亲央求他抽出时间允许我去问学，蒙他应允了。因此，我觉得我称他为师，多少有些冒昧。其二是，我向汪先生求教时，他年事已高，我不敢多坐，课程一完，就匆匆告辞，交谈少，对他的情况也就知道得少。倘写文纪念他，难免会空泛。

上世纪九十年代初，我曾写信给汪先生的长公子健君先生，请他提供些资料给我。那时健君先生已年高，退休在清华园。他曾回信给我说，体弱记忆不好，无法应命。但又说，他二弟复强先生手中有些资料。数年前，复强先生到大陆探亲访友，我们见了面，才知道复强先生编有汪先生自记年谱等资料。他返台后不久，即将这些资料复制给我。这些资料，倘再稍加整理即可汇编成册，这是让人全面理解先生为人治学的好办法，但目前一时尚难做到。所以，我只能在这篇小小的纪念文中，将复强先生所编的资料作为先生的小传摘写如下。

公严先生（又字巩庵），于清同治十年（一八七一年）三月一日生于广西桂林文昌门内之福旺街，母亲徐平之夫人为他取名鸾翔。先生六岁时在家塾读书，父母课以四书、毛诗、唐诗等。

十二岁，先生父亲云臣公因滇督之聘由桂赴滇，临行勉之曰："人生须有实学，乃能作事。年少科第，非汝福也。汝之经尚未卒业，且须全读之，不必汲汲赴乡试。"先生遂遵命家居读书。先生母亲徐夫人查诸经中有未读毕者，令补之，且取毛诗三百首口授之。在《自记年谱资料》中，先生把当时读毛诗的情景描述得甚为动人："风雨潇潇，一灯如豆。风声、雨声、鸡声与读书声关相唱和，（先母）必责令全部皆能背诵乃已。"同时又记："先外祖母傅太宜人亦娴诗学，自余幼时即以唐诗三百首授之。至是时，仍责以时时背诵。"又记曰："余补读初完，而先父亦自滇回桂。遂于光绪十三年丁亥春，携余游广州。中遇浏阳欧阳蔼臣（学凤）先生课以程朱之学。余始知人生尚有圣贤之学。"

十四岁，先生应童子试，屡列前茅。这一段《资料》记有一件颇为有趣的事：最后一场，文成尚有余纸，乃画梅一枝于其上，戏问试官："此梅佳否？"学使詹希伯（嗣贤）大宗师，顾而笑曰："试场命汝作文，非作画也。汝犯场规矣。明年汝来考古学，并来取秀才可乎。"略一品味这段话，可见先生性格潇洒，颇具幽默感。从《资料》中还可看出先生自幼性喜自然，好作画，亦善于作画。先生后来在清华教书时，教职员中，向他学画者络绎不绝，家父曾携清华美籍教员麻伦向先生学画。至今，我家仍藏有先生所作的尺方山水画近十幅。那时先生因索画者甚多，遂订“画约”。我想先生对绘事的爱好是出于天性。先生四岁住福旺街时，院中有无花果树一株，又栀子、天竺、筋竹各一丛，先生时攀树取果，或种花果其下，是为最大乐趣。

十七岁，腊月，返桂林应广雅书院招考。次年十八岁，榜发，列第一名。时梁节庵为广雅书院山长，任先生为西斋斋长（案：斋是学生宿舍的通称）。又越一年，义乌朱蓉生（一新）鼎甫继任山长，后朱先生将院中师生问答辑为《无邪堂答问》一书，共五卷。先生特在《资料》中记曰：“余独占一卷。”建国前，我曾在北京琉璃厂购得广雅书院所刊此书原本。书中不仅可见朱一新学问渊深，同时还可以从先生提到的那一卷答问中看出他年轻时好学深思、文思睿敏。此事我在拙著《九十年代日记》中曾有记述。

二十一岁，请假回桂乡试，首题成文逾八百字（案：当时考试文不可过八百），正主事拟摒弗取，副主事见文中有道学、儒林、文苑之殊途句，讶曰：“此语非曾读宋史者不能道。”又笑曰：“此人于时文中敢用杜句，非诗人亦狂生矣。”几位试官争议后，再三斟酌，终将此卷由抡元降为第四。

二十二岁，入京。参加康有为“强学会”，渐倾心于新学。从湖南晏孝儒习算学。凡有西学新译诸书，必购，自行研读，用力极勤。

二十五岁，父亲病故后，数年中，历就家教席。

二十七岁，得张之洞电调入鄂，遂留张幕，与海门周彦昇（家禄）共编辑《劝学篇》，越三月《劝学篇》成。（案：此事多为人所不知）

二十八岁，保送经济特科，赴试不第，曾参与康有为之保国会。戊戌事变，"六君子"被难后，避嫌出京。

三十五岁，母亲病故后，仍返武昌供职。在岳丈纪鉅维（案：系纪昀后人）为总监之文普通学堂任教。十二月，调北京学部任审定科行走，复兼任北京第一师范优级选科物理化学教员。

四十一岁，武昌起义后，避居天津俄租界，曾拟改名"遗"，次年任天津法政学院地理教员，复得兼保定高等师范史地部主任教员。乃仆仆于津京保之间。越明年自津迁返北京。

四十八岁，一九一八年，由梁节庵荐在清华学堂任教，授高等科、中等科国文。一九二〇年，先生为清华学堂撰写校歌歌词，由何林一夫人配制乐曲。一九二一年，在清华国学部授中国哲学（含伦理）及国文。开始在家中授徒绘画，与京中书画文词之士日增往来。李响泉、萧愻、许宝蘅、曹经沅、梁漱溟、傅嶽棻则过从较密。（案：《资料》中称"梁漱溟于是年结婚"，复强先生复制给我的其他资料中有梁漱溟致先生的信一件。）一九二三年，清华留美专科及女生之考试中地理试题及阅卷均由先生担任。至一九二八年五十八岁时，清华数易校长，罗家伦来，乃离去，（案：当时离去的人颇多，我父亲亦为其中之一。先生在清华前后约十年。）任保定河北大学教职。

六十四岁，一九三四年，与陈曾寿携行至伪满长春授溥仪数理化等科。

七十一岁，一九四一年，自东北辞归，回北京，居兵马司中横街九号。一九四六年，我在北平任教时，曾向先生问学求教约两年。

此后，先生年逾古稀，活动不多，只有以下数事可记。一九四七年，先生七十七岁时，犹应邱石冥之请，去近邻南横街盆儿胡同十一号京华美术专科学校授课。一九四九年，七十九岁，八月，逆产管理局下令迁居，辗转半年，终于迁至清华大学西院四十一号。一九五三年，八十二岁，被聘为北京文史馆馆员。

先生逝世于一九六二年七月二十三日晨，享年九十二岁。

二〇〇五年十二月三十日

二

一九四七年初，北平天气很冷，父亲和我雇了两辆洋车，到兵马司中横街九号去拜见汪先生。那是一条清洁的胡同，先生住宅有两扇红色大门。走进门洞，分东西两座大院，院内的花草树木很少，使人有些空旷寥落之感。东院北头有几间砖瓦平房，这就是先生的居所。室内烧着装有烟筒的煤炉，火势甚旺，火焰有时从炉门蹿出来。公严先生身体瘦小，须发皓然，说话带广西口音。他穿着一件古铜色的长袍，腰间系着一条蓝绸腰带，下面是双梁布底鞋。由于父亲早就向他说过我要来求教的事，所以见面后谈话很快就转入这个题目。我说出我的读书要求后，确定讲授内容分三方面：一是《离骚》，二是《文心雕龙》，三是《文赋》。

先生授课，大多全凭记忆。有时身边也放着几本书，但很少查阅。我读《离骚》用的是商务出版的卫瑜章编著的集释本，书中亦采用了时人资料，如“青锁”二字下，即收入闻一多的考释约一百多字。“女媭”名下，编者忽插入案语，大意是说“朱子谓媭乃贱妾之称，以比党人。郭沫若遂以女媭为屈原之妾，亦大奇矣。唐突古人，抑何太甚?”我将这些讲给汪先生听，汪先生听了莞尔一笑。他对我讲授《离骚》时，全用古音，读来押韵。就我总的印象来说，汪先生讲授各书时，似不太重视前人的训诂考据，这大概是“通人恶烦”吧。他的讲解往往有独到之见。比如讲解《文赋》“虽离方而遁圆，期穷形以尽相”一句，即与何义门所释“此言文章须有规矩方圆”不同。照先生的意思，离方者是离开方去说方，遁圆者是离开圆去说圆，否则以方说方，以圆说圆，就变成前人所讥的“以弹说弹”了。这一说使我长久不能讲通的道理豁然贯通了。

先生讲授《文心雕龙》更使我终身受益。这部书虽仅四万余言，却是包括了史论评在内的百科全书式的著作，倘非具有极渊博的知识是很难理解它的。在先生讲授前，我几乎读不懂魏晋时代那种对仗式的骈体文字，更没有经书的一般知识。后来我对《诗经》、《易经》、《左传》等略有常识，完全由于先生的教导。先生求知欲之强是令我惊讶的。我向他问学时，他已逾古稀之年。可是，在他书架上，我发现有一套战前水沫书店出版的普列汉诺夫等著、由鲁迅等翻译的马克思主义文艺理论丛书。先生竟会读这些书，真是出我意料之外。由此使我想到，前辈在治学方面是重视通才的。他几乎从不向我提问，只有一次，他说得高兴时，忽然问我一个化学问题，使我手足无措。先生说他那时代读自然科学是多么困难，言下之意自然是责备我不用功。这件事使我至今愧然难忘。

我随父亲和先生一起出游两次。一次是往中山公园看牡丹。后来先生曾赋诗一首惠赠。诗云："胜境宁辞过往频，况当花木正逢春。几番履舄来今雨，难得衣冠是旧人。一世尽为争地战，众葩亦学捧心颦。残年至计唯收弃，笑拾飞鸿傍水滨。"我将先生手写的这首诗裱好装入镜框，一直把它挂在室内。可是"文革"一来，我不得不将它烧毁了。当时先生说看牡丹还是去崇效寺好，那里有三棵黑牡丹，是明代传下来的。后来我们又去了一次崇效寺，在先生提示下，还看了寺藏的青松红杏图。先生诗作甚多，惜未收集刊印。先生在九十高龄时，父亲收到清华旧友寄来一首他的诗："同对西山看夕曛，阶前落叶已纷纭。人间何限风兼雨，物外尤存我与君。学不干时身更贵，书期供用老弥勤。卅年旧梦谁堪续，重话琼宴酒半醺。"我很喜欢这首诗，曾将其中两句，引用在我写的那篇自述前作为题词。

先生以绘事闻名于同侪。父亲说他对中国画史钻研甚精，并世无二。我没有向先生请教过这方面的问题，但偶尔听他随便说过二事。一是他不喜欢徐悲鸿的马。二是他说宋人之画多茂密，后人画才渐趋疏落。先生不太重视撰述，未在这方面留下什么著作，我曾请问过复强先生，他说先生授课的讲义今已无存。又说，他只依稀记得，先生似乎撰写过一本有关荀子的著作，但已经找不到了。

我自一九四八年夏返回上海后，就再没有和先生见过面。一九五五年我受胡风案牵连后，就完全切断了社会交往。那时，先生为父亲作的十来幅尺方山水画存在我处，我时时把玩，恍如与先生仍在沟通，闻其謦欬。其中有一张是画的傍晚雪景，在一座依山的茅舍前，有一排篱笆，一童子抱着一瓶新采的梅花走来，茅舍窗口有一人孤独坐在那里。画上题着一句诗："山家除夕无他事，插了梅花便过年。"我很喜欢这张画。那几年中，我们一家三口每逢过旧历年时，就把这张装在像框里的画拿出来放在台子上，以度岁末。

二〇〇六年元月六日

记 郭 绍 虞

我向绍虞先生请教问学，始于六十年代初。那时他是上海文研所的所长，而我则是审查五年后刚被处理下放在所里栖身的人员。我们最初接触是我将自己所写的几篇《文心雕龙柬释》送他审阅。我没有料到很快就得到他的同情的回应。他在信中不仅给我鼓励，还为我筹划怎样将这些文字同时分批发表。这是我在那寒冷岁月中从未领受过的温暖。不久，他还托人送来亲手书写的条幅。从此以后，我把陆续写出的《文心雕龙柬释》逐篇送给他审阅，他每次退回给我的原稿上都夹有用端正小楷书写的签条。他对这些文章读得十分认真仔细，甚至对文中所引用的书籍也进行了不同版本的对勘。比如，他指出，我所引用的《四部备要》本《弘明集》，有些篇章的卷数和《四部丛刊》本不同。这真使我既感且愧。

今天各大学中文系已将中国文学批评史列为普遍开设的学科，而这门学科的建立则有绍虞先生的一份心血。早期教授这门学科的卓越有成就的专家如罗根泽、杨明照等，均出自绍虞先生门下。他的《中国文学批评史》为这门学科奠定了基础，使人认识到它是一门独特的学问，而不是无根的游谈。绍虞先生曾谦逊地说，他这部书只是早出的陈中凡先生的《中国文学批评史》的跟随者。但正如朱自清先生在评郭著时所说:“它虽不是同类的第一部,可还得称是开创之作,因为他的材料和方法都是自己的。”郭著取材极为丰富,我们只要从他后来主持编纂的《中国历代文论选》就可见其端倪。倘使他没有搜集并掌握大量文论资料,并对这些资料下过鉴别和梳理的功夫,他是写不出《中国文学批评史》的。后来他编纂《中国历代文论选》时,能够驾轻就熟、得心应手,也正是得益于当初在资料上所下的功夫。

绍虞先生这部书在编例上有着与人不同的特点。一般文学批评史多按历史朝代分期,这种写法直到今天也殊少例外。郭著却不是这样,在章节上并不整齐划一,而是或以家分,或以人分,或以文体分,或以问题分。表面看来,全书很不一致,显得有些琐屑零乱,但实际上却是费过一番经营擘划的功夫。这种编例摆脱了形式上的拘囿,更能勾画出我国文学批评史的真实面目,触及它的深微之处。但是这一点往往不易为人理解。我曾听到过有人指摘郭著不够豁朗,缺乏明晰的逻辑线索,文笔过于曲折细腻,有夹缠不清之弊。这种批评是受了长期提倡明白易晓、使人一览便知的文风的影响,以致对内容复杂、蕴藉较深的文字,就视为芜蔓晦涩了。绍虞先生似乎最怕过直过露。他谈任何问题,总是联系到各个方面,以防片面化和简单化,因此和那种文风恰恰是背道而驰的。

绍虞先生以照隅室作为斋名。晚年印有《照隅室文学论集》、《照隅室语言文学论集》、《照隅室杂著》三种。“照隅”二字取自《文心雕龙·序志》:“各照隅隙,鲜观衢路。”这句话的原意是刘勰对于前人持论取小忘大作风的指摘,本含有贬意。

绍虞先生反其意用之，不仅在于这两个字和他的本名谐音，而是寓有其他命意。他的《中国文学批评史·自序》有一段话说得很明白："（我）愿意详细地照隅隙，而不能粗鲁地观衢路。"这意思是说，宁可详细地从事一些个案的具体研究，而不愿粗率地从事抽象的理论概括。这一说法在今天正盛行着以简单的概括手段作为宏观研究的时候，就更容易为我们所理解、所接受了。绍虞先生并不是不懂宏观研究的理论价值，以及将宏观研究与微观研究结合起来的必要。他这一说法实是有所指而发的。我觉得对于绍虞先生的学术著作都应从这种角度去领会，不能不去注意它们的针对性。

绍虞先生《论八股》一文表明他对趋时之病最为痛恨。他称这种风习为"一窝风，即所谓赶时髦"。文中援引了章炳麟《复仇是非论》中一句话：趋时之疾沦于骨髓，相率崇效，与高髻细腰之见相去有几？（大意）他在治学上像老一代重视独立精神的学者一样，是不肯曲学阿世的。这一点在他所写的《语文通论》等著作中，也留下了痕迹。语言文字的研讨在他的学术著作中占有相当重要的位置，仅仅把他视为古代文论的学者，而忽视了他在语言文字方面所取得的学术成就，就不能对他作出全面的评价。他在这方面的研究具有不少创见，往往发人所未发。比如，他对语言型、文字型、文字化语言型的界定；对于文言的音乐性（倘用传统文论的说法，绍虞先生所说的音乐性即文气。）使其具有不用标点亦能得其句逗的特性的阐发；对于我国义符文字不同于西方音符文字的特点乃在于目治、单音、造句以名词为主，因而很难向音符发展，只能从象形、指事等方面着手的说明，都可称为真知灼见。尤其他对于语言与文字或文言与白话问题的论述，更值得我们注意。这个问题从“五四”以来就已经有了固定的看法，胡适的活文学、死文学之说似乎成了普遍为人接受的共识。绍虞先生并没有对此说进行商榷，他的话虽然说得十分委婉，但细心读者不难发现他的某些论述实际上正是对此说献疑。这可以从他对近乎口语的周秦文辞和与口语远的唐宋文辞所作比较看出，也可以从他对韩柳的古文、明代的语录体、戏曲等常杂以骈语的论述中看出。我感到遗憾的是我没有在绍虞先生生前向他请教这方面的学问，我的理解可能是很不够的。

凡和绍虞先生接近过的人，从未见过他有激烈的言语和动作，都觉得他性格温和。他说话总是那样慢条斯理，从容不迫。但根据他的弟子记述，他也有过感情激动的时候。这事发生在抗战初北平沦陷后的燕京大学课堂上。一天他上课讲到《黍离》诗时，竟然恸哭失声，以致使满座随之泪下。这一突兀举止也不难理解，在为人处世上，他本来就称颂过狂狷性格。他在《忆佩弦》一文中，说朱自清不英锐而沉潜，不激烈而雍容，在性格中具有更多的涵容成分。他把朱先生归结为不必定以斗士姿态出现而仍不失为斗士的人。这足以说明他对斗士的向往。

最近读到前几年唐弢先生为纪念绍虞先生而作的《狂狷人生》，我才知道建国初复旦中文系聘我去兼课是出于绍虞先生的举荐。那时我们并无来往，后来绍虞先生也未向我提及此事。根据我和绍虞先生多年接触所得的印象，我觉得他是一位不知文过饰非而敢于展露自己胸襟的长者。“文革”刚开始，报上正在批“三家村”的时候，紧张的政治空气令人惶惶不安。我去见他，向他谈到邓拓。他没有一个字涉及这场运动，只是出乎我意外地说了一句："可邓拓的书法实在好。"说完他走进里面的书房拿出一本美术杂志，翻到一页刊有邓拓写的"实践"两个字指给我说："你看！"此情此景使我至今难忘。再有一次在粉碎"四人帮"后，那时的气氛完全不同了。他略带微笑地向我说，他曾经也想用儒法斗争的观点去修改《中国文学批评史》，可是还没有来得及，"文革"结束了。这种毫无掩饰的坦诚，再一次使我惊讶。绍虞先生虽教书多年，但他不是口才辩给的人。他不大会说话，因而就需要从他那近于木讷的谈吐中去发掘寄托遥深的寓意。绍虞先生真诚地相信应改造自己跟上时代的步伐，像许多老一代知识分子一样。我感到遗憾，当时没有和绍虞先生深谈，不知他在几十年改造的经历中，究竟领受了怎样的甘苦。

一九九三年十一月十四日

记 顾 准

一

《从理想主义到经验主义》不是一本为发表所写的著作，而是顾准应他兄弟的要求断断续续写下来的笔记，时间是从一九七二年到一九七四年作者逝世前为止。我要说这是近年来我所读到的一本最好的著作：作者才气横溢，见解深邃，知识渊博，令人折服。许多问题一经作者提出，你就再也无法摆脱掉。它们促使你思考，促使你去反省并检验由于习惯惰性一直扎根在你头脑深处的既定看法。这些天我正在编集自己的书稿，由于作者这本书的启示，我对自己一向从未怀疑的某些观点发生了动摇，以至要考虑把这些章节删去或改写。这本书就具有这样强大的思想力量。

如果要我勾勒一下我从这本书得到的教益，我想举出下面一些题目是我最感兴趣的。这就是作者对希腊文明的研究；对中世纪骑士文明起着怎样作用的探讨；对宗教给予社会与文化的影响的剖析；对从法国大革命直到巴黎公社的经验教训的总结；对直接民主与议会制度的评价；对奴隶制与亚细亚生产方式的阐发；对黑格尔思想的批判与对经验主义的再认识等等。作者对这些都作了很少有人作过的探索，显示了真知灼见，令人赞佩。作者的论述，明快酣畅，笔锋犀利，如快刀破竹。许多纠缠不清的问题，经他一点立即豁然开朗，变得明白易晓。我觉得，这不仅由于他禀赋聪颖，好学深思，更由于作者命运多蹇，历经坎坷，以及他在艰苦条件下追求真理的勇敢精神。这使他的思考不囿于书本，不墨守成规，而渗透着对革命、对祖国、对人类命运的沉思，处处显示了疾虚妄、求真知的独立精神。他对于从一九一七年到一九六七年半个世纪的历史，包括理论的得失、革命的挫折、新问题的涌现，都作了认真的思索。这些经过他深思熟虑概括出来的经验教训，成为他的理论思考的背景，从而使他这本书形成一部结合实际、独具卓识的著作。

读了这本书我不能不想，是什么力量推动他这样做？请想想看，他很早参加革命，建国不久在“三反”整党中就被打下去。“文革”前曾两次戴上了“右派”帽子，一次在一九五八年，一次在一九六五年。据我所知，这是绝无仅有的。“文革”开始，唯一关心他的妻子自杀了，子女与他划清界线。他断绝外界来往，孑然一身，过着孤独凄苦的生活。在异地的弟弟和他通信，他寄给弟弟大量笔记。读了这些凝聚着智慧和心血的文字，不得不使人为之感动。他的这些笔记是在十年浩劫的那些黑暗日子里写的，没有鼓励，没有关心，也没有写作的起码权利和条件，也许今天写出来，明天就会湮没无闻，甚至招来横祸。这是怎样的毅力！我由此联想到历史上那些不计成败、宁愿忍辱负重、发愤著书的人物。记得过去每读司马迁的《报任安书》，总是引起内心的激荡，真所谓展卷方诵，血脉已张。为中国文化作出贡献的往往是那些饱经忧患之士。鲁迅称屈原的《离骚》：“怼世俗之浑浊，颂己身之修能，怀疑自遂古之初，直至百物之琐末，放言无惮，为前人所不敢言。”（《坟·摩罗诗力说》）他指出达到这种高超境界是基于思想的解放，摆脱了世俗的利害打算。倘用他本人的话说，这就是：“灵均将逝，脑海波起……茫洋在前，顾忌皆去。”（《坟·摩罗诗力说》）我想，这本书的作者在写下这些文字的时候，大概也是一样，对个人的浮沉荣辱已毫无牵挂，所以才超脱于地位、名誉、个人幸福之外，好像吐丝至死的蚕、燃烧成灰的烛一样，为了完成自己的使命与责任，义无反顾，至死方休。所以，在造神运动席卷全国的时候，他是最早清醒地反对个人迷信的人；在“凡是”思想风靡思想界的时候，他是最早冲破教条主义的人。仅就这一点来说，他就比我以及和我一样的人，整整超前了十年。在那时代，谁也没有像他那样对马克思主义著作读得那样认真，思考得那样深。谁也没有像他那样无拘无束地反省自己的信念，提出大胆的质疑。照我看，凡浸透着这种精神的所在，都构成了这本书的最美的篇章。

这里顺便说一下，抗战初我在隶属江苏省委的文委领导下工作，顾准是我的领导。那时文委书记是孙冶方，顾准是文委负责人之一。我以自己曾在他们两人领导下从事文化工作而感到自豪。直到我看了顾准兄弟写的回忆文章后，我才知道孙冶方于五十年代提出价值规律是受了顾准的启发。我感到幸运的是“文革”后我又见到孙冶方，并多次晤谈。可是，我和顾准在一九三九年分手后，就再也没有见过面，后来连音信也断绝了。现在留在我记忆中的顾准仍是他二十多岁时的青年形象。王安石诗云：

沉魄浮魂不可招，遗篇一读想风标。
不妨举世嫌迂阔，赖有斯人慰寂寥。

是的，世界上有这样的人才不会感到寂寞。我读了顾准的遗篇，才知道他的为人，才理解他的思想，可是为时已晚。当他尚在的时候，尽管困难险阻，我没有能去看望他，向他请教学问，终觉是一件憾事。

二

我和顾准相识在一九三九年。那时他是上海地下党文委副书记，我是他领导下的文学小组的一个党员。我对他有较多的认识是多年以后的事。过去我只知道他生活坎坷，历经磨难，而并没有料到他的遭遇竟如此悲惨：意外的株连，两次被打成“右派”，三年灾害时期的劳改苦役，由于狱卒的蛮横所受到的人格侮辱和肉体摧残，饥饿，疾病，家庭的不幸，离婚，妻子的自杀，子女断绝亲情，最后的绝症……种种不幸一股脑降在他那毫无防御的头上，好像要让他饮尽人生的苦酒。但他并没有倒下去，偏偏在非人的生活中挣扎着，活下来，而且还不停地读写，直到因癌症去世。这种非凡的毅力可以说是达到了人所能达到的极限。这里我想引用克利斯朵夫说过的话："在这样的榜样面前，我们所经受的那些痛苦又算得了什么！"

四年前，我去北京参加顾准八十冥诞学术研讨会时，曾去拜访已届高龄双目失明的骆耕漠老人，久违多年的前辈。骆老曾在顾准最困难时期设法接济他食品。老人的精神好，记性也很好，他的讲述是十分动人的。他说有一次他请顾准到小饭店吃饭，回来时顾准提出要散散步，领他绕一条远路走。他们慢慢走到顾准曾经住过的地方。顾准站住了，对妻子自杀前的故居远远眺望着，这时骆老才明白他为什么要散步。还有一次，他要买台灯，却买了一盏双人用的台灯。这时他早已是孤零零一个人住了。最初骆老不明白他为什么要这样做，后来才恍然想起，过去他和妻子汪璧两人的书桌拼在一起，共同使用的双人台灯就是这一种。这类细节虽是小事，但感人至深。它使我们进一步了解这个在困难中迎着压力而不屈服的硬汉子，却具有一副富于人性的柔肠。像他这样一个珍视家庭亲情的人，一旦因为说出了浅人庸人所不懂的真理，就被置于万劫不复之地；而且不是由于他的过错，也不是由于妻子儿女的过错，却必须去承受妻离子散的人间悲剧，这是怎样的一种精神酷刑！它比肉体上的痛苦和折磨更为可怕。当我们谈论顾准的为人时，如果在这些细节方面注意不够，表述得不充分，那就会失去对他的精神世界的更深发掘，而这恰恰是我所读到那些充满豪言壮语的文字所不懂或忽略不顾的。

顾准在"文革"这场浩劫中，居然活了好几年，还将自己的思想记录下来，直到癌症去世。这固然基于他本人的品格素质，但与经济所的特定环境也不无关系。从一九五七年起，孙冶方就担任了经济所所长，那里聚集了一批优秀人物。顾准被打成“右派”后，就是孙冶方设法邀请到他到所里去做研究工作的。庐山会议后，张闻天也被下放经济所。此外所里老一辈的有骆耕漠、林里夫、巫宝三等，年轻的有张纯音、吴敬琏等。这些人皆一时之选。在那人与人关系变成了狼与狼关系的残酷年代，似乎只有经济所还散发着人间的温暖，这似乎是个奇迹。经济所关心爱护顾准的不止骆耕漠，张纯音也是一个。她不仅接济他食品，送他钱，而且还让跟去干校的女儿咪咪去照顾他。这一老一小后来结成了纯真的友谊，咪咪在那些愁苦的日子里给予了顾准很大的慰藉。这是使顾准得以存活下来的精神力量。人活着不仅需要使自己温饱，还需要精神养分，而友情就是其中的一种，它也像水与空气一样不可缺少。在顾准患癌症的时候，又是骆耕漠四处奔走，利用过去的关系，使顾准住进了医院，而这时他自己也在靠边审查。当一个人自顾不暇的时候，如果不是对朋友的忠诚，谁会置自己的安危于不顾，去甘冒不韪呢？但是，顾准的病情仍旧恶化了，医院发出病危通知。经济所的那些善良的人们自动地组织起来去护理，分成三班轮流守在他身边。他临终时，在他病床前值班的是如今已成著名经济学家的吴敬琏。他在最后时刻想见见长久没有晤面的子女，子女没有来，经济所“革委会”的负责人去做子女的工作。这一切都发生在阶级斗争斗红了眼的时候，难道是可能的吗？但这是事实。这些人纵使处在最恶劣的环境下，仍旧良心未泯，他们心中的正义火焰始终在燃烧。这几年谈论顾准的文章多起来，有些论者本来是可以写出一点研究心得的，但他们放弃这样做，而只空谈主义，将顾准当做一面旗帜，把它抓在自己手里，讲些人人早已知道的道理，还吹嘘这就是对顾准思想最深刻的理解。读了这些文字真使人感到悲哀。我不懂，这些人并不缺乏才华，过去也写过一些好文章，为什么虚掷自己的精力。其实顾准所写的有关民主的文章是很值得讨论的。我所指的是这几篇：《直接民主与“议会清谈馆”》、《民主与“终极目的”》、《科学与民主》等。前几年北京三联寄给我一本《公共论丛》，这本丛刊并不以顾准为标榜，却切切实实地讨论了一些问题，其实这类问题还有很多。比如顾准书中所谈的古希腊斯巴达精神问题就值得重视。过去我们一直赞扬斯巴达的集体主义精神。小时候我曾读过鲁迅的早期论文《斯巴达之魂》，这篇文章写得热情洋溢，令人神往。在苏联，斯巴达的名字也成为光荣的称号，甚至有的足球队也以它的名字命名。而根据顾准的论断，就可以知道斯巴达是容易从集体主义滑向专制主义的。

一九八九年

记 王 瑶

去年十月二十二日，王瑶先生给我的信中有这样一段话：

> 下月二十日，我将赴沪郊青浦县参加巴金作品讨论会。此会二十五日闭幕，会后拟在沪小住数日，因我的老伴未去过上海，此次将偕行，在沪并无其他任务，只是逛马路而已。届时定当趋访，借叙衷曲，来示所说的心情，彼此与共，晋人王弼曾云："圣人应物而无累于物。"姑共勉之。

我认识王瑶是一九八一年在北京京西宾馆举行的国务院学位委员会第一届学科评议组的会议上。后来我们在编《中国大百科全书·中国文学卷》时，又经常在一起，这样就逐渐熟悉起来了。我们在一起工作，讨论问题，但没有单独深谈过，尽管我早就对他十分仰慕。他在信中约定叙述衷曲，在我们交往中还是头一次。我在给他信中曾诉说了自己心情不好。得他信后，我一直期待着和他作促膝之谈，这大概是我隐隐感到我们都具有一种相濡以沫、相煦以湿的共同愿望吧。

青浦的会议我没有参加，听说王瑶是抱病到会的。在他从北京动身之前就感到不适了。由京辗转来到青浦，他已经渐渐感到不支。会议主持人尊重他，把他请到主席台上，要他发言。他吃力地讲了不多几句就讲不动了。两天后，他被送进华东医院。我得到通知，到医院去看望他，这时他躺在病床上，发着烧，面孔红红的，由于哮喘而显得呼吸急促。我要他不要说话，但他仍表示好了后要去我家。他住院时期，在他身边照料的有他的夫人杜琇女士、女儿超冰和北大中文系孙玉石教授等。孙也是他教过的学生。后来，王瑶要留学英国的儿子超默回来。不久，超默也来了。当时，我对王瑶的病没有想得太严重，总希望药石有灵，经过治疗就可康复。他并不是患的绝症，只是普通的肺炎。医院也没有宣告他的病情危险。我还在盼望他出院后可以实现我们谈心的约定。

可是，他的病情一天天恶化了。一天深夜，孙玉石打电话通知我，医院给王瑶切开气管输氧。电话中传来孙玉石充满焦虑的声音。我也知道，这种手术是万不得已时才用的。第二天一早，我赶去看他，他的被切开的喉管已插入输氧的管子，旁边有一架发出笃笃运转声的输氧机。他的头脑一直是清醒的，但是他连简单的话也不能说了。这种手术使病人很痛苦，但他却显得异常平静。他一见到我，就伸出手来要握住我的手。可是我没有把自己的手伸出去，因为我怕他的切开的伤口会受到感染，始终和他的床保持较远的距离。我觉得他像是要诉说，这使我感到难过。可是我能说什么呢？我们相对无言。他那双柔和的眼睛，不仅没有痛苦的表情，却显出一种超脱，甚至我觉得似乎是含着微笑。记得青年时，我读过罗曼·罗兰写的纪念玛尔维达·梅森堡的文章。当玛尔维达在病危中因阵痛无法控制的时候，她就让身边的朋友出去一会，等阵痛过去再进来。她不喜欢丑的东西，甚至连自己因疼痛而扭歪的面孔也不愿让朋友看到。大概王瑶也是这样，为了某种信念而宁愿强忍痛苦。是不是他服膺魏晋风度从而感染了魏晋时代的通脱？他论述魏晋学术的著作，迄今仍是被重视、被引用的名篇。他对六朝文学有很深的造诣；而建国后，他却以现代文学名家。他曾向我说过，当时因为学校没有教授现代文学课程的人，作为分配给他的任务，他接受了这门课程，使自己的研究完全换了一个领域。我常感叹，中国知识分子中是有这样一些人，他们的个人要求很低，为自己想得很少，甘愿为需要作出牺牲。但我们是不是珍视这种品质？有没有因为随心所欲或者粗心大意而浪费人才？不过不管怎样，王瑶仍在现代文学研究领域做出不可企及的贡献。

他病危的最后几天是折磨人的。我几次去看他，都感到心上的沉重。他的女儿超冰坐在病床旁嘤嘤哭泣着。我们都感到他的病情严重。可是医生仍旧说不是没有救治的希望。不过这些话已经不能再安慰他的亲人了。北大对他的病十分重视，向医院表示，不论多么贵重的药物都可报销。在他病危期间还特地派来陈副校长和其他几位校领导。华东医院也尽力挽救。我从医务人员那里时常听到他们说他们正在抢救一位国内屈指可数的学者，他们尊重他，尽力挽救他的生命，把所有弄得到的药都用上了。可是，由于他的肺功能太差（后来医生跟我说这是他吸烟太多的缘故），一切药都不能减轻他的炎症。十二月十三日晚，他终因肺炎转呼吸窘迫综合征逝世于华东医院，享年七十五岁。

根据家属意见，遗体告别尽快在上海举行，以便将他的遗骨带回北京，由学校正式举行悼念活动。在龙华火葬场为他举行的告别会上，我头脑空空洞洞，昏昏噩噩地站在大厅中他的遗体前。当时上海已进入湿冷的冬季。我的头脑和身体都已麻木，甚至连感情也被冻僵了。

龙华举行的遗体告别一结束，王瑶的家属和北大来沪的同人就匆匆回京了。这时我才感到茫然若失。在寒冷的夜晚，白天的喧嚣归于沉寂，四周静下来，我为国家失去这样一个人才，为自己失去这样一个朋友而感到悲痛。我想到他信中所说的“应物而无累于物”，大概对他来说，是表示了一种对生死处之泰然的态度吧。但是，我又不大理解，他这次动身之前就感到不适，可是还要奔波于苏州、上海。为什么他这样不爱惜自己的身体呢？我曾经问过别人，但我得不到满意的回答。我又想，他在信中，在电话中，甚至住院躺在床上都和我提起叙衷曲的事。他的家人也和我说他向她们提过这事。但预定的这次谈话永远不能实现了，我不知道他要谈些什么，我似乎可以料到一些，但这些朦朦胧胧的感觉一旦具化，又像阵阵幻影从意识中纷纷褪去，无影无踪了，这使我感到遗憾。

夜深了，楼外的灯火大多已经熄灭，我感到有些寒冷。我很想把自己对亡友的怀念用诗句表现出来。但是，做不好。很奇怪，在那些日子里，前人的一首悼亡诗，一直萦绕在我的脑际，诗中有一句说的是：“卫史遗言成永憾，晋卿祈死岂初心。”我久久不能排遣掉……

这些年来，朋友们逝世，我很少写悼念文章。我怕不能把亡友的形象真切地表现出来。我更怕不能真切地写出自己的真情实感以至流为应景文字。写这篇小小的纪念文，我力图避免此弊。但我只能说我写了我的所见所闻和所感，也许有些地方，从他本人来看并不完全那样，那么，我在向亡友告别的时候，再说一声请原谅吧。

一九九〇年五月八日

记 辛 劳

我认识辛劳是在抗战初，那时我刚刚从北平流亡到上海，还是一个读高中的十七岁的青年。我在上海参加了平津流亡同学会，做一些联系文艺界的工作。一九三八年的一个春天，我带着一封介绍信，到马斯南路（今思南路）一家难民收容所去见辛劳，准备请他到平津流亡同学会去谈谈文学创作问题。他在那里负责难民的文教工作。马斯南路是法租界一条幽静的马路，平时车辆不多，在并不宽敞的柏油路边，栽着两排望不见尽头的梧桐，树上布满绿色的嫩叶。收容所是用竹子和木板搭成的简便房屋，虽粗陋但清洁，一切都井然有序。室内有几个青年人，有男的也有女的，其中一个二十几岁的男子看见我，向我走来。我说明来意，他没有做声，只是用一双湿漉漉的鹰眼注视我，要我跟着他走。经过了两三间屋子，他才停下来，还是不做声，盯着我看。直到我把信交给他，说明要找辛劳先生，他才用几个简单的字说我要找的就是他。这时我才注意到他的外貌。他有一张狭长的脸，一头蓬乱的鬈发，穿着一件叫乌克兰衫的俄罗斯农民服式的上衣。这身打扮很特别，他给我的头一个印象并不好，我觉得他身上有一种罗曼蒂克气息。他谢绝了演讲的邀请，但为我写了一张便条，要我改请别人。后来我发现他给人的最初印象几乎都是不好的。他不仅口吃，也不善于讲话。他的大舌头发音含混，加上他的语言表达能力不强，往往不能把自己的意思完全说明白。他总喜欢盯着人看，好像要在你身上搜索什么可疑的东西。这种对人逼视的习惯，使人感到不舒服。那时他比我要大八九岁，但我觉得他并不比我成熟。我在收容所一见到他，就感到他在模仿普希金，他的样子也确实有点像。我不知道他的鬈发是天然的，还以为是故意弄成这样子。

在这以后不久，辛劳有时也到平津流亡同学会来坐坐了。他还为我们办的小刊物写一两首小诗，但我们并不欣赏他写的诗。记得他第一次拿来的两首，其中一首题名是《发霉的鼻子》。这首诗仅有七八行。我觉得诗的题目显然是套用涅克拉索夫的《严寒·通红的鼻子》。涅克拉索夫这首长诗我读过，我很喜欢他的沉郁风格。其中所描写的那个在森林中踉跄前进迷失在茫茫风雪中的农妇，使我从一个平凡女性身上看到了崇高和伟大。但辛劳的诗显示了什么境界呢？我觉得他的诗缺乏意境也缺乏语言的美。这并不是我一个人的看法。在平津流亡同学会负责的一位燕大同学，是个政治性很强的人，常常用小说《毁灭》中的美谛克去嘲笑一些知识分子。但他也读了不少文艺作品，特别是罗曼·罗兰的作品。他从辛劳交来的另一首诗中挑出“唱出心弦”这样的句子，以不屑的口气批评道：为什么不说“弹出心弦”呢？我对辛劳有较多的了解，并对他写的诗和散文由发生兴趣而喜爱是在这以后的事。辛劳在一九三八年下半年就带领收容所的一批青年难民到皖南新四军去了。渐渐由那里传来消息说，辛劳去后心情并不舒畅，似乎身体也不好，在咯血了。可是详细的情况究竟怎样，“孤岛”上的朋友谁也说不清楚。直到今天我对当时不少文化人在皖南的遭遇才算有了一些了解。我以为这是基于农民意识的反智主义。其实早在太平天国革命时期就已经有了这种迹象，土地革命时期也出现过“打倒知识分子”的口号。

一九三九年初我随上海慰问团到了皖南新四军军部，在服务团时，我被安排住在辛劳那个单独院落里。辛劳曾在他后来出版的散文集《古屋》中描写过它。这个院落很小，只有几间屋子。一进院门，左右各有一间，辛劳住一间，另一间是聂绀弩住的。我去的时候，绀弩出差到金华，要过一阵才回来。辛劳不知道我会来，一见到我，显得十分高兴。那时他因咯血，没有做什么工作，一人独处，感到相当孤独。这段日子我和他朝夕相聚，比在上海时熟悉多了。最初我们在谈到文艺问题时，曾发生过相当激烈的争论。争论的问题现在已经记不得了，不过我可以说，当时他对文艺的理解要比我深刻得多。我受到由苏联传入的文艺理论的影响，在不少观点上有机械论倾向。我们争论时，都动了感情，两个人全拉长了脸，谁也不理谁。可是这次争论只是成了我们日后友谊的一个曲折的前奏。次日我们又重归于好，一天的乌云消散了。我们在感情上迅速接近起来。辛劳是一个很有个性的人，他不轻易放弃自己的看法和主张。他告诉我，他到了这里后，由于在空暇时读《红楼梦》，遭到了不少嘲笑和批评，对此他一直想不通。更使他感到痛苦的是和他一起来的女朋友，发现他到了根据地并不像她所想的那样显示自己的革命才能，相反在许多方面倒成为被人指摘的目标，而对他的态度完全改变了。她调到另一个地方，几乎完全和他断绝了音讯。一天当我要到她所在的地方去的时候，辛劳要我带一封信给她。我把信设法转给她，但没有得到什么回音，这事就这样徒劳无功地结束了。

我在服务团的那些日子，最使我难忘的是辛劳把他写的长诗《捧血者》拿给我看。这首诗刚完成不久，他经过了反复修改。我还看到修改前的初稿，发现初稿许多地方已大段大段地被砍去了。还有不少段落后来留下来的只有寥寥几行。辛劳把他的全部心血都倾注在这首长诗上。在当时那样的环境里，没有人会像他那样去做的。他对文学的不顾一切的执著，真是使人感动。半个多世纪过去了，至今我还记得他为我朗诵自己诗歌时的情景。他的脸因为兴奋而发红，眼睛闪着灼热的光，两片薄薄的嘴唇微微发抖，声音在颤抖……这时你不由得会对他产生好感。后来我读到吴强回忆皖南的文章，他说辛劳为他和聂绀弩等朗诵《捧血者》时，常常被听的人所发出的赞叹打断。我不懂诗，也没有写过一首诗。读了《捧血者》后，我开始读辛劳的诗，我变得很喜欢辛劳的诗了。我被辛劳的诗所感染，领会到了辛劳诗中的真情至性，它的感情波澜和思绪的起伏回荡。但是那时，我还不能用明白的语言说出我的感受，虽然我确实感觉到了它们，自然我也有不理解的地方。当时看出辛劳诗的真正价值的是绀弩。他们两人在服务团那个小院落里比邻而居的时期，结下了深厚的友谊。辛劳写了一首送别诗，记述两人在小河口离别的情景：辛劳伫立在河边，望着船夫将竹篙插入水中，渡船缓缓地离开了岸。

绀弩站在船头，马儿依在身旁。他低着头，没有向岸边看，渡船渐渐远去……这首诗里充满了诗人的深情。从皖南回来后，我读辛劳的诗，越读得多就越觉得他是一个最不会掩饰自己真性情的人。诗人需要这样的性格，但要用同样的态度处世就未免不合时宜了。这使我感到，我刚认识辛劳时对他所产生的不好印象就是由这样的性格引起的。如果他懂一些世故，懂一些人情，情况就可能会两样。但是，他不懂，也许他是懂的，但偏偏不愿照世俗行为去做。

发生在辛劳身上的这类事是很多的。“孤岛”局面结束以前，辛劳曾经从新四军回到上海。他在上海的生活很艰苦。一次正当上海的潮汛期，连下了几天暴雨，街道都被积水淹没了。夏天是酷热的，有好几天我因为大水没有出门。突然辛劳走上三楼推门进来了。他向我说，关在家里实在闷不过，所以用手中最后一点钱叫了一辆三轮车，涉水到我家来。他在上海很少和人接触，见到我特别感到高兴。但我觉得他太由着自己的性子了。难道不会等几天再来？他如果坐电车来看我只要几分钱就够了。这天他谈得很兴奋，谈话的内容已经回忆不起来了，只记得他说这些日子里常常挨饿。他竟把饿的感觉一一记下来，写了三十来条。后来他还把这稿子给我看过。他在回到上海的时期，全靠投稿拿点稿费过活。这天他对我说稿费用光了，新投的稿子一时还拿不到稿费。他有几天没有吃肉了，很想吃大排，问我有没有钱。那时我用的是家里的钱，我掏出身上所有的五块钱，他高高兴兴地拿走了。在我们的来往中，这是很平常的事。朋友之间有无相济，谁有谁拿出来，没有的向有的人去要，谁也不把这当回事。但是辛劳对我家里的人也不讲一点礼貌，没有一句客气话，照例一视同仁地用他那双湿漉漉的眼睛盯着人看，这使他们有些不舒服，就像他最初用这种不礼貌的眼光引起我的不快一样。不过辛劳全不理会这些，仍旧我行我素。

辛劳在上海报刊上发表的文章渐渐多起来，也有一两本书出版了。他的才能终于得到了承认，但主要在“孤岛”范围内，而且还只限于“孤岛”文学界狭小的圈子里，社会还是不知道他。当我今天回顾“孤岛”文学的时候，我要说在我们这些从事文学写作的朋友中间，辛劳是最有文学才能的。我说的才能是指一种艺术感受，即对大自然、社会世态和人类心灵，往往体会到一般人们所未感受到的，或虽然见到却被忽视的方面。作者在表现这些体会时，自然而然地注入了专属于他自己的个性特征，从而使他的作品具有一种与众不同的特有情趣。在这方面，我认为当时我们中间是没有人可以和他相匹敌的。辛劳的作品不一定写得深刻，但却是独创性的，总带着性格的烙印。虽然他的诗歌和散文有时也不免留下那个时代的某种模式的痕迹，但在朋友之间我敢说在当时他是唯一能够摆脱教条束缚的人。他在创作的时候不能忍受斫伤个性或违反自己的艺术感受的事发生。一次他写了一首题名《土地》的长诗投给《奔流》文艺丛刊，当时负责编务的是蒋天佐。诗在《奔流》第一辑上发表了。我读了很喜欢这首诗，认为在辛劳的诗歌中也堪称佳作。《奔流》出版后在满涛家里开了一个小规模座谈会。大家谈得正高兴，辛劳发言了，他说蒋天佐修改他的诗并没有征求他的意见，他对此有看法。辛劳突如其来的发言，使空气立刻变得严肃起来。天佐忙解释说，他很喜欢这首诗，他动手修改是为了使这首诗更好，但天佐的话并不使辛劳满意。过了几天，辛劳来看我，他仍对此事感到不快，他对我说："我写的是我的家乡和我对家乡的情感、感受。我家乡出葡萄酒，天佐却把它改成了糯米酒，可是我家乡并不出糯米酒怎么办？"当时延安正提出"中国作风、中国气派"，大后方也正在进行民族形式问题讨论。辛劳举出天佐所删改的一个例子，已足以说明天佐删改的原则分明是觉得葡萄酒不如糯米酒民族化。当时我是同情辛劳的，在开座谈会时，我还不清楚事情经过，没有为他辩护，别人也都没有说过一句话，事情就这样过去了。倒是辛劳本人不久以后，在《新文丛》上发表了一篇《树和剪树的工人》(《旅客及其他》中的一节)，作为对此事的回答。这是一篇散文，也是一篇艺术性的批评，深刻、尖锐，却丝毫没有意气用事的意味。虽然他在真理问题上决不假借，坚持自己的主张，但他也是以平心静气的态度提出自己的意见的。这类争论文章就像他的创作一样，显示了他的气质。这不是可以学到的。我不知天佐看了这篇文字后有什么感想，倘他不把个人的自尊放在文学的真理之上，我相信他对辛劳的批评也会折服，欣然接受。辛劳去皖南后是他创作的旺盛时期，这时期他一直在生病。病的阴影总是和他的作品相伴随。病给他带来痛苦，使他的作品显得病态，但同时也磨练了他的诗才，使他沉静下去，想得更深，感受得更多、更细。这真是不幸的幸事，我不知道天地究竟是爱才还是忌才？既然赋予这个人以过人的才华，为什么又偏偏要将众多的不幸降在他的头上？

一九四一年底，太平洋战争爆发，上海沦于敌伪之手，从此辛劳再也没有回到上海来。我最后一次见到他，是他临去苏北前来向我告别。那次他从我家拿走了一只手提箱，这是邢秉枢（后改名林修德）去苏北时放在我处的。建国后邢要我把这只箱子和里面的几件衣服还给他，我已经还不出了。辛劳去世的年月当时就没有人知道。抗战胜利后不久我听淡秋说，大约一胜利，辛劳就从苏北回来，经过韩德勤驻地，被捉去死于狱中了，那时他才三十多岁。辛劳被害的详细经过虽经多方打听，但始终不清楚。他活得寂寞，也死得寂寞。我还记得他在世时，一次从新四军回到上海，我去看他，他正在害病，一个人孤零零躺在床上，面孔消瘦，不住呛咳着，他抬起眼睛望着我说："今天是我三十岁生日。"这眼光使我至今难忘……现在辛劳的名字已经很少有人知道，很少有人记得了。他的作品长久没有重印。各种现代文学大系都没有选录他的作品，现代文学史也没有提到过他的事迹，难道他真的将永沉于文学的忘川之中？我希望这本《捧血者及其他》能够唤起人们对他作出公正的评价。

一九九六年六月三十日

附记：

本文发表后，报馆转来中国社会科学院历史所王春瑜先生给我的来信。信中说："……我藏有阿英先生在盐城抗日根据地编的《新时期》两本，其中一九四四年出版的一册上，载有阿英亲自写的书讯，现将此页复印寄上。由此可知辛劳还有《栅栏草》，也可断定他被韩德勤抓去，也并非是抗战之后……"这封信可纠正辛劳于抗战后被抓去遇害这一说法之误。信中附来复印剪报，题名《华中根据地出版书录》，署名"英"。这篇简讯共三则，最后一则标题为《栅栏草》，其文如下："辛劳著。诗集。一九四三年十一月刊。收诗四篇：'在月夜'、'五月十四日'、'小夜曲'及'插秧女'。皆作者在韩德勤省府狱中作。油印本。"

同年九月二十日

记 孙 冶 方

陈修良大姐在她所著的《孙冶方革命生涯六十年》这本书中记述孙冶方的那些事迹，现依时间先后转述如下：

一九五八年“大跃进”时，“一大二公”之风盛行，张春桥在《解放》杂志上发表鼓吹供给制的文章，孙冶方提出了“价值论”。（七十二至七十三页）

一九六二年六月至八月，陈伯达邀孙冶方每天去《红旗》杂志编辑部参加“座谈会”，康生也几次约他去“座谈”，鼓励他尽量“放”，以便收集他的“修正主义”罪证，再将他一棍子打死。他明知这是一个阴谋，仍决定参加。他说：“我不需要三不主义（不抓辫子、不打棍子、不戴帽子），只要有答辩权，允许我反批判就行。帽子总是要戴的，不是戴这顶，就是戴那顶，可是答辩权最要紧。”（六十八至六十九页）

一九六三年底，他在哲学社会科学部一次扩大会议上，发表了关于利润问题的演说。有人劝他说：“风声很紧，还是不要再讲利润问题。”他回答：“什么是风声，我不是研究气象学的。”（七十八页）

一九六四年，康生、陈伯达给孙冶方戴上“中国最大的修正主义者”的帽子。有一次他们指定他去参加会议，讨论一篇由几个年轻人写的有关生产价格的论文。他挺身而出说:“不必批判年轻同志,这些观点是我的。”他阐发了价值规律的作用和资金利用效益的重要后,严正声明:“要解决几十年的疑难,是要冒点风险的。尽管人家在那里给我敲警钟,提警告,说这是修正主义观点,我今天还要在这里坚持自己的意见,以后也不准备检讨。”从此对他的打击一步步升级。“文革”开始,一九六八年四月四日夜间他被戴上手铐,关进秦城监狱。(七十八至八十一页)

他坐了七年的牢,在牢中一直坚持写“论战书”。他说:“死不足惜,声誉毁了也不要紧,我长期从事经济研究所形成的观点决不能丢,我要为真理活下去,要在死前把它留下来,让人民去作公正的判决。”狱中没有纸,没有笔,他就打腹稿,反复背诵,达八十五遍之多。他长期患肝病,居然熬过了极端苦难的七年铁窗生活。一九七五年他被释放出狱。押他回家的造反派在汽车上警告他“要老实做人”,他回答:“我是一不改志,二不改行,三不改变自己的观点!”(八十四至八十七页)

他回家不久,“反击右倾翻案风”开始了。一次江青在大寨的讲话说:“孙冶方又要翻案了。”他不但不怕,还坦然地说:“我有什么案可翻?至于经济学问题,我可以同她争论。他们把经济搞成了这个样子,难道也是我孙冶方的罪过吗?”

“文革”后,他快七十岁了,仍努力学德文,作调查研究,写文章,作读书笔记。一九七八年六月下旬,他批评了“唯上”的学风。他以马寅初的人口论为例,十分赞赏马老在一九五九年遭到围攻时说的一段话:“我虽年届八十,明知寡不敌众,自当单身匹马，出来应战，直到战死为止，决不向以力压服不以理说服的那些批评者们投降。”一九七九年九月他经过超声波检查，发现胆囊附近有黑影，医生从他腰部抽出了淤血，于是立即剖腹检查，发现是晚期肝癌。他开刀不久，就支撑着伤口未痊愈的病体，为多年未得彻底平反的老战友沙文汉向中央写报告。修良大姐听人说，这报告是“他用两条纱布拴在床上，拉着纱布条强坐起来”写成的，这事使修良大姐热泪盈眶。

一九八二年，他为影片《天云山传奇》进行了申辩。这部影片放映不久就被斥为“完全歪曲了反右斗争的真相”，被指为“资产阶级自由化在文艺上的反映”。他不顾身患绝症，撰文反驳，这时他身体已经十分虚弱，距去世只有几个月的时间了。

我和孙冶方孤岛时期分手后一直未见过面。一九七八年五月二十七日他在上海科学会堂作报告，那时我尚未平反，想尽了办法弄到一张入场券，坐在后排远远地望着他，这是我们分手四十年后第一次重逢。次年，我为自己的案子上京申述，姜椿芳带我去见他，这才有机会作长谈。“十二大”时我们又见了面。大会开幕的那天，趁会前的空隙，我从拥挤的大厅中把《天云山传奇》的作者鲁彦周找到和他见了面。最令我感动的是他去世后，他的助手把他的一本遗著寄给我，并在书的扉页上写下了这样几句话：“冶方同志把书放在床边，本想等身体好些亲自签名将书送给你，但一直未能做到，现在只好由我在书上盖了他的图章，以表他的遗愿。”

读完修良大姐记孙冶方这本书后真是感慨万千，它使我回到孤岛时期刚刚入党的年轻时代。我是吸取上海地下党文委的精神乳汁长大成人的。文委中那些至今令我难忘的人，对我的思想的形成和人格的培养，曾经发生过巨大的影响。他们就是孙冶方、陈修良、林淡秋、顾准、姜椿芳、黄明，这些我视为大哥大姐的同志。

一九九九年

记 林 淡 秋

十二月六日黄源打来电报说:“淡秋于四日去世,望写文悼念。”这消息来得这样突然,使我惊讶,使我茫然。

今年我三次出差杭州,每次来去匆匆,但前两次仍抽空和淡秋见了面。第一次在淡秋家作了竟日之谈。第二次去杭,他的身体已经十分衰弱,我原打算去看他,但他一定要来看我。他夫人唐康不让他出门,但拗不过他,只好由小女儿陪他来,说好谈话时间不要超过半小时。这次他谈得少,但兴致很高,几经女儿催促,才怏怏离去。当时我怎么也不会想到这次分手竟成永诀!说来事情竟这样凑巧,我第三次去杭州是在十二月三日,定好次日即返。四日一早我打去电话,唐康告诉我说,“老林生病进医院了。”我听了一惊,要去探望,但唐康说现已无碍,再三劝阻我不要去医院。谁知就在我当天下午五时乘车离杭的时候,正是淡秋弥留之际,错过了最后见面的机会,使我懊丧不已。

这些天,我不能平静下来,但约定交稿的日子到了,我不能再拖延。现在夜深了,四周这样静,窗外是浓墨般的黑夜,我感到沉重的悲哀阵阵袭上心来。我想到我失去了一位尊敬的友人,一位在我青少年时代引导我走上文学道路的兄长,一位平易近人,率真、热情、质朴的革命者。听说他立下的遗嘱是不开追悼会,不作悼词,不搞骨灰安放,并且要他的家属在他死后即迁出省委大院。只要了解淡秋平日为人的人就可知道他正是会作出这种安排而不是别种安排。淡秋还像我四十多年前所认识的那个淡秋,他仍保持着四十多年前的那种简朴作风,没有一点架子和官气。甚至还像过去一样,谈得高兴时突然会爆发出一阵阵爽朗的笑声。

在我和他的接触中,很少听到他说:“我怎样怎样”或“我如何如何”,他讨厌自我炫耀,讨厌吹嘘自己,他也不喜欢这样的人。记得还是在抗战时期,有一次他向我谈起,“左联”中的一位常委用化名“林矛”写了一篇文章,然后又以第三者的口吻吹捧这篇文章,组织大家去学习。淡秋自始至终都是不喜欢这种作风的。他不喜欢互相吹捧、互相拉扯,自然对后来的拉帮结派更是深恶痛绝。在人和人的关系中,他似乎有一种十分执著的平等观,在这方面几乎到了绝对的程度。他和“左联”五烈士之一的柔石是很好的朋友。在抗战初我认识淡秋不久,他就和我说过,是柔石把他从乡下带到上海来从事文学工作的。他对柔石有一种很深厚的敬爱之情。但有一次,他也无形中向我流露出对柔石膜拜鲁迅的过分态度不无微言。由此可见,淡秋对平等人生观是多么坚执。后来,在严分上下级的官本位社会中,淡秋仍一贯保持他那待人平等的本色。现在回忆起来,不论淡秋在怎样的处境中,面对怎样的人物,也都不可能辨别得出他说的哪些话是对上级说的(无论这个人的级别是多么高,权势是多么大),哪些话是对地位比他低的人说的(无论这个人处于怎样的困境),淡秋都一视同仁。

他这种可贵的性格，就我接触的众多的人来说，是十分罕见的。

抗战初，我和淡秋认识不久，常常找他去聊天。那时他住福履理路（今建国西路）一条弄堂中一间不足六平方米的亭子间，里面只放得下一床、一桌、两椅，他和唐康就住在这样简陋的地方。我去聊天时，三人中总有一人得坐在床上，但是在这样的小屋里，我们仍谈得十分欢畅。到了吃饭的时间，我常常不顾人家的麻烦，就自动留在他们家吃饭。唐康取出一只小小的打气煤油炉，淘米煮饭，然后再用一个小油锅，把早上买来的裙带鱼收拾干净，放进油锅一炸，三个人就围着小书桌吃起来。我吃得特别有味道，所以常常喜欢到他家聊天，再吃这么一顿饭。有一次时间过晚，我把自己的长衫忘在他家了。直到六十多年后，唐康还几次对我笑谈这件往事，说我年轻时如何粗枝大叶、生活散漫。这段时期我们身在孤岛，生活艰难、环境险恶，却很愉快地从事着地下工作。朋友之间没有猜忌、没有摩擦，或者其他不愉快的事情。虽然有时也会发生争吵，但不久就乌云消散，不留下任何感情的芥蒂。这种坦率纯真的生活真是令人向往。

淡秋常跟我说，他身上具有农民性格。我那时未去过农村，根本不知道农民性格是什么。我只感到，他从不会做作，不会因为矜持而掩饰自己，他像孩子一样天真，总是毫无顾忌地把自己内心袒露出来。有一次，我和他还有满涛一同走在马路上，行至半路，天色骤变，雷声隆隆，闪电划破了天空。随着一声炸雷，大颗大颗的雨点落了下来。这时淡秋惊慌失措，拿着手里的一本杂志挡在头上，满脸惊慌地到处寻找躲藏的地方。满涛和我看了不禁大笑起来，我们真没料到，一场暴雨就把他吓坏了。他就是这样天真无瑕，这也算他性格中的一个特点吧。

他也有农民性格中倔强的方面。孤岛中期，他满怀热情到皖南新四军军部去。那时，新四军成立未久，物质条件极差，这一点对淡秋来说不成问题，他能吃苦，也不怕吃苦。但那里使他感到不适应的，却是需要绝对的服从命令听指挥的刻板生活。他作为一个文化人，自由惯了，从来没有受到过这样的拘束。尤其，他是一个作家，对文学有深刻的理解，和部队里须按照严格的政治要求和政治任务去写作完全不同。新四军宣教部的领导叫他为新四军创作军歌歌词，他欣然接受了。不料，领导却指定他把一些政治口号填嵌进去，而且这要求是极为严格的。换了别人，也许觉得这不是去搞文学创作，而是去完成一项政治任务，就会接受下来，按照领导的意图去填写军歌歌词。可是淡秋执拗得很，他对于写作有自己所深信的那一套，决不苟且，以为一旦放弃了自己的原则，就是对工作不负责任。所以，他固执地不肯按照领导的交代去写。但是，当时以政治标准挂帅的领导，怎么可能理解淡秋的文学观念和写作态度呢？那时皖南也有几个知识分子出身的干部被提到领导岗位上，其中有一位是“一二·九”学运的领袖和“民先”的领导，但他到了皖南后，很快就和当地的干部同化了。当时皖南在对知识分子的政策上是有偏差的（后来，周恩来代表中央来检查工作，才把这一偏差加以纠正）。不过在纠偏以前，知识分子初到皖南压力还是很大的。比如聂绀弩就受到了歧视和批判。当皖南举行鲁迅逝世三周年纪念会时，先由聂绀弩演讲。聂说:“在抗日的新形势下,阿Q倒下去了。”接着就由那位学运领袖(这时他在新四军政治部有一定重要的职务)上台发表讲话。他针对聂绀弩的话说:“阿Q倒下了,聂绀弩站起来了。”当时这种歧视知识分子的例子很多,辛劳、骆宾基都有过类似的遭遇。淡秋对这些事看不惯,虽然新四军的领导对他耐心地做了工作,他还是固执己见要求调回上海,这对淡秋今后的政治命运有着很大的影响。他是很早参加革命的党员,做了很多的工作,可他始终没有政治化,对个人在政治上的升降沉浮并不在意。抗战后,组织上派他在《时代日报》工作,天天值夜班,白天又睡不好觉,很辛苦。但他工作得很认真,一句怨言也没有。建国后,以他的资历和能力,本可以担负一些重要的工作,但组织上只派他在《解放日报》做一名普通编辑,他欣然接受了,没有任何不满。在《解放日报》工作了两三年后,负责意识形态工作的胡乔木发现了他,立即把他调到《人民日报》任副总编,负责文艺部门工作。他和胡乔木于抗战前就相识,他们曾在社联一起工作过。胡乔木知道他的革命经历,也了解他的工作能力,所以很快把他调到了《人民日报》副总编的岗位上来。这时《人民日报》的社址在王府井大街,我到北京开会时曾去看他,他的办公室是一间兼作卧室的狭窄的小房间,摆了几件简陋的旧家具,几乎把房间挤满。淡秋就在这样的环境中乐而不疲地工作,哪里像一个副部级的领导。他还像平时那样,没有架子,随便说笑,平等待人,这给我留下极深的印象。过去在上海从事地下工作的同志,虽也有一些例外,大多都像他一样,保持了这种朴素的作风。但是后来这种作风就很难看到了。那时,淡秋对胡乔木很敬重。有一次他笑着批评我说:“你讲这些话,要是让乔木听见了,他一定会批评你的。”

反胡风斗争,我被卷入,受到隔离审查,两年后被释放回家,当时和一切朋友都断绝了来往。可是张可拿出两封朋友的信给我看,一封是姜椿芳写来的,另一封就是淡秋写来的。这两封长信都是在我被隔离的时候写给张可的。当时我被定为贱民,处于政治最底层,谁也不敢理我,甚至过去的朋友在路上相遇,也都掉头而去。可是老姜、老林并没有因为我成为“反革命”而对我失去信任,他们毫不顾忌写这样的信会担待怎样的风险,仍以兄弟般的感情,对我的不幸表示关怀,对张可表示慰问。在严冬中送来的这种温暖,使我对生活感到绝望的心,重新闪现出光亮。可是,由于当时的环境,我不愿意牵连关爱我的人。我狠了狠心,就把这两封珍贵的来信烧了,并跟张可说不要回信,以防带累他们。

我和淡秋重新相聚已是二十多年以后了。那时我已年逾六十,而淡秋更是垂垂老矣。他是到上海来治疗眼病的。后来,我到杭州去拜访他,他是那样的高兴,拉住我不放:“今天晚上你就住在这里,我们抵足而眠,痛谈一夜。”虽然我并没在他家留宿,可是那夜,我直到深夜才离去。从这次谈话中我知道他在“反右运动”中也遭不幸。虽然没有被戴上帽子,可是被赶出了《人民日报》,降了级,下放到杭州。他说在鸣放期间,胡乔木开列了名单,要他去组稿,让这些人去鸣放。“反右”开始,风云急转,他受到了批判。我问他是怎么挨整的,他说胡乔木不承认鸣放期间是他自己指定淡秋向那些人组稿的。淡秋又说幸亏邓拓保了他,才没有戴上右派帽子。这次淡秋和我说起胡乔木，和他二十世纪五十年代初在《人民日报》工作时完全不同了。淡秋去世后，唐康曾把这情况写进她的回忆文章中。

我曾经在一篇文章中说，我是吸吮抗战初期上海地下党文委乳汁长大成人的，他们对我的思想和人格成长，曾起过重大的影响。我所说的地下党文委不是一个笼统抽象的概念，而是由许多有血有肉、有思想、有感情、有个性的人组成的，而淡秋就是其中的一个。

二〇〇三年

据一九八一年十二月初稿改定

刚刚改好《怀念林淡秋》文章的第二天，就收到淡秋夫人唐康的来信，算起时间来，可说是一种巧合。好像心灵真是可以相通的，在我写这篇《记林淡秋》时，也正是唐康写这信给我的时候。我愿意把这事留作纪念，故将唐康的信附在下面。

[附]

唐康来信

王元化同志：

我数月前知道你身体欠安，心中很是思念，很想与你谈谈心里话。但是，路远，身体差，不能如愿。提笔给你写信吧，思绪千万，从何说起呢？没法提笔。再不写信，我以后视力差了，手也抖了，更难啦。

你与淡秋的情谊之深，我受到你全家人的关怀难以忘却。

三十年代淡秋住在四四二号，你来看他。你身穿一套中式绸衣裤，一件银灰色绸长袍，谈得哈哈大笑，将长袍挂在门后，一挂就是一个多月。当时你十八岁，是淡秋朋友中最年轻的一个，我是小保姆，比你小一岁。我问这位少爷怎么不取回自己的衣服？淡秋笑答："他是个小孩子。"后来淡秋将我送到许广平先生办的中华女子中学附小读书。淡秋和我结婚住在建国西路，你与蒋天佐是我们家的常客。你去皖南之后，大约是一位同志出了问题，你母亲很急。因此，淡秋专写一篇文章题为《家》。文中叙了你母与你的母子情，你追求真理爱国之情很深，你母亲爱儿子之情也很深！

淡秋去皖南，你特约我和淡秋去普希金纪念碑前留影。

四十年代上半期你在上海做地下工作，淡秋隐住在上海做盐商经理，你们见面叙说抗战的艰苦岁月。我因产后病从崇明岛来到你家，由你母亲带我去看了妇科病。后不久，我又住在你家等待返回苏中根据地。你将床让给我和女儿睡，你睡在地板上。还有淡秋从皖南回到上海，我们夫妇立个家，一无所有。你从家中搬了床、桌子、椅子等等。你与淡秋是一对亲兄弟，坐在床上谈编《奔流》杂志，谈写小说，说抗战胜利那天想吃的东西……

解放战争时期，你与天佐又是我们家的常客，你们谈理论、谈形势，甚至谈你与张可结婚仪式上你不得不穿礼服，“他们要把我打扮成小丑啊！”你说得是多么兴奋！

全国解放又是你与淡秋南北分离。反胡风你被隔离关了起来，张可同志，她作为你的爱妻，她，不但人美，心灵更美。她给淡秋来信求助。信中提出元化可以承受任何处分，就是不要开除他的党籍。她对党是多么信任（就像淡秋在“文革”中说的“党不要我，我离不开党！”）其实从那个时期开始淡秋也“难做人，做人难了”。

“十年”之后，你到火车站接淡秋，你满嘴是假牙，淡秋有点不认识你了！

八十年代初，你在政治上恢复了“青春”，淡秋撑着病体急急与你见面半小时。杭州饭店的一别，却成你们这对难兄难弟的永别。

杭大百年大庆，校领导对你这位赫赫有名的大历史文学家亲自迎接。你到本校图书馆参观古籍书库，跟随你有一个队伍，是敬佩你也是保护你。我的小女儿崇煌是修补古书的“专业户”，写过不少有关这方面的论文。她亲眼见到父亲的挚友，在你走进书库之后，白衬衫扣子不扣，露出了汗衫，一站就是半小时，聚精会神地翻阅一本古籍作品。你的生活作风仍然是那么朴实，而学习精神却是令人敬佩！

杭大中文系一位退休教授将你的画传翻阅得封面已破损不堪了。我在医院读《陈修良与沙文汉》一书,读者都说你为该书写的序很好,内容朴实。

原杭大金副校长告诉我,杭大有一王姓教师去上海见到你,说你精神好,我听了很高兴。

回想八十年代初陈梦熊同志收集"上海孤岛"时期的史料,淡秋问他"王元化怎么样了?"陈取出一只录音机,淡秋对着机子大声说:"小孩子王元化,你好吗?"陈再重放时,原来是一只坏了的录音机,他们两人都很失望!你在上海当然也听不到淡秋呼喊你的声音了。你的父亲在清华执教桃李满天下。我的孙女现在是清华大学法律系的研究生,我的外孙在人民大学哲学系念书。用二年多编了个剧本得了"茅盾文学奖",得了奖金三千元。他说:"外公爱好文学的灵气留给了我。"

我认为你与淡秋都是不说空话,不说假话,做实事的人,你们也为此吃了不少苦头。现在,科学发达,医术水平高,加上你的乐观精神,我遥祝你康安!张可同志我也很想念她,只能祝她平静地生活下去。

我在医院治骨质疏松症。旧房改造,我搬到市社会福利中心,三年后返回原处住新房,顺告。

握手,夏安!

唐康于浙江医院

二〇〇三年七月八日

记 钱 钢

二〇〇三年十一月八日这天，整日下着雨，就在这样一个阴雨绵绵的悒郁日子里，钱钢离我们而去。他从发病到去世只有二十多天，享年仅四十五岁。

他去世前一个多月，晓明曾约请几位朋友在庆余聚餐，钱钢也应邀参加了。那时谁也看不出他有病，吃完了饭，还是他送我上楼来的。临行，他转身出门前，含着微笑向我告别。怎么想得到这会是我们的诀别！

十月上旬他发病初，我自己也因病住进了医院，打电话到他家去，接电话的是他的夫人小林。我问钱钢在家吗？回答是一阵微弱似乎带有哭泣的细语，我听不清说的是什么，接着传来钱钢本人的声音。他告诉我他在发烧，肝上发现肿块。我知道他长期被肝病所困扰。半年多前他曾向我说过，他在一家中西医结合的医院看病，医生说他病情稳定，没有问题，他自己也表现出乐观，充满自信。但是现在他在电话里告诉我这样一个消息，使我吃惊，不知怎么说才好。我只说了一两句自己也觉得是无用的安慰话，电话就挂断了。接着而来的是一连串的可怕的消息，他被确诊为肝癌，而且已是晚期，住进了长海医院。再得到的消息更可怕，他在大量地吐血，脸上和全身泛出肝癌末期病人所出现的黄色，病情在急剧恶化。当时，我自己住在医院里，只能依靠天天去长海探病的文忠，把他的情况告诉我，一直到他去世为止。

十一月十六日举行的遗体告别仪式，是蓝云当天赶来跟我说的。他的遗体静静地躺卧在一片白花丛中，来吊唁的人多半是他的学生，其中有他曾经教过的、正在教的，还有一些他没有教过的。他们哭泣着向他的遗体鞠躬告别，依依不舍地伫立在灵堂四周，久久不肯离去。钱刚生前性格内向，很少表露自己，从来没有和我谈过自己的成就。但有一次，他带着有些得意的神情告诉我说，他们学校举行了一次不记名投票，让学生来推选他们所敬爱的老师，而得票最多的就是他。此外，就再也没有听他说过他教书的事情了。直到他去世后，他的好友张寅彭把他学生写的悼念文交给我看，我才发现，钱钢竟是这样一位深受学生爱戴的好老师。我没有想到，他在课堂上是那么生动活跃、善于言辞、趣味盎然，这跟我认识的钱钢截然不同。他在学生面前一点也不拘谨，一点儿也不寡言笑，而是很会说笑话，很会掌握他们的心理。他引导他的学生去爱生活、爱学问，去做一个富于人性的真正的人。我读了十来篇他学生写的悼文，这些文字句句都是爱，字字都是至情。这些可爱的孩子在倾吐难以抑制的伤痛的时候，展示了自己内心的纯真和质朴，令人读后，怎不感动？如今我已入耄耋之年，在这熙熙攘攘、上下征利、人情浅薄的世上，犹能见到这样一批不同于赶时髦的庸众俗流，而是有头脑、有品格、有追求的青年，真是感到高兴。我不能不说，从他们身上也显示了中国的未来希望。钱钢在教育上默默耕耘，虽然很少有人知道，但目前的大学正需要这样淡泊于名利、勤奋敬业的好老师，尽管他的工作、他的价值，在他活着的时候是被漠视被埋没了。

我和钱钢最初认识是在一九九〇年。他的父亲是我四十年代初所教过的学生，可是我们并没有什么来往，而钱钢却成了我青年朋友中的知己。我们无话不谈，他理解我，不会因为我说话不慎而对我产生误解和猜忌。他也不像有些人怀有某些实际目的，或言不由衷，或虚与委蛇，而缺乏真情实意。像他这样的朋友，我觉得是很难得的。他逝世后，我写了几个字以表悼念，其中四个字是“至感痛惜”，这几个字虽平常，却表示了埋在心中的哀思。多少年来，朋友的去世都使我难以抑制自己的悲痛，不过时间一久，也就逐渐平复下去。但钱钢的死在我心上留下的伤口，恐怕难以愈合了。

我最初认识钱钢时，对他的治学并不怎么重视，但后来情况有了变化。最近这两年，我感到钱钢有了突飞猛进的进步。他是从文学批评史跨到文化研究领域里来的。进入这一新领域难度很大，对这点我有切身体会。钱钢是个认真的人，他不怕钻研之苦，但他有个和别人不同的困难，这就是他的身体。我们来往一直很频繁，但有一度，大约是三四年前，他突然长久不来了。我打电话问他，才知道他得了肝病，而且这种肝病是他已故母亲遗传给他的。虽然钱钢时时想摆脱肝病对他的威胁，但事实上，这种病是致命的，所以，死亡的阴影一直笼罩在他的身上。在这种情况下，他要发奋治学，就不得不受到阻挠。他不能像别人一样拼命熬夜，一时身体垮了也还能够恢复。他要是在治学上钻励过度，就将酿成大祸，所以他不得不小心。他能作出最后两年那样的成绩，是不由人不感到钦佩的。去年第九期《博览群书》上发表他的论文，大概是他最后几篇作品之一，只要把这篇文章和他以前写的同类文章相比，就可以知道他为这种进展曾付出过多少努力。

钱钢近年来以大部分精力致力于传统文化的研究，我们经常一起谈论这方面的问题。就我的记忆，似乎我们没有谈过张载。不过我相信他会喜欢张载下面的这段话："为天地立心，为生民立命，为往圣继绝学，为万世开太平。"有人说张载此语胸襟广阔、气势恢宏、境界崇高、超迈千古，可为中国士人重建精神的家园。文忠告诉我钱钢临终向亲友诀别时，显出了一种内心的平静和安详。为什么会这样？张载说："存，吾顺事；没，吾宁也。"这样一种人生观，一种对生和死的态度，是需要一个人以一生的行为来贯彻自己应尽的责任和使命，才能实现的。我想，钱钢努力去做了，他才在最后的日子里显得那样安详和平静。

二〇〇四年立春

记张中晓

一

一九五五年，中晓因胡风案受审，旧疾复发，咯血不止，于一九五六年被允准保外就医，回到绍兴乡下。收入没有了，甚至连购买户口米的粮票也没有了，只得依靠在当地邮局做小职员的父亲苦撑度日。“大跃进”三年灾害时期，我的妻子张可突然收到一封寄至她单位上海戏剧学院的信。拆开来，其中还套着另一封封口的信，是中晓写给我的。他不知我也被定为“胡风反革命分子”，日子也不好过。信中说：“你的情况大概还好，我很困难，活不下去了。但我还想活……”他希望我给予援手等等。读了他的来信，我心中惨然。

中晓进新文艺出版社，我有引荐之责。当时他刚刚二十出头，至今我还记得他那双闪闪发亮似乎永远在追寻生活奥秘的大眼睛，是那样澄澈、坦然。当时我听了朋友的介绍，写信邀请这个不相识的青年到新文艺社来工作。他不大讲话，总是默默地倾听着，一开始他就给我留下了很好的印象……从道义上说，我不能对他的来信置之不理。可是，我在当时的处境下又能为他做些什么呢？信件来往在胡风案件中曾构成严重问题，令人心有余悸。我拿着他的信，心中忐忑不安，害怕再惹祸事。在作为定案准则的“胡风反革命集团三批材料”中，中晓被说成是最反动的。他的一些直率言词，被解释作具有特殊的“反革命敏感”。这种说法经过大肆渲染，“张中晓”已成为令人毛骨悚然的名字。直到六十年代，在一本指定作为学习文件的小册子中，仍在重复这些说法。

我和中晓的交往曾成为我在被审查中的一个问题。一九五五年初，我在隔离时期，两位和我共过事的老作家来找我谈话。我为中晓申辩，说他是一个淳朴的青年，当即受到其中一位的严厉呵斥。后来我被指为对抗组织审查，这也是证据之一。由于这些事记忆犹新，现在手里拿着中晓的这封信，真不知怎么办才好。那时朋友中只有一位还和我往来，他就是我深深信赖的柏山。我去和他商量，他经过考虑，认为还是不要声张好。我把信搁了下来。但是不久，中晓又寄来了第二封信。他在信中再一次向我呼吁，诉诸我的良知，企图唤醒我由于权衡利害逐渐变得麻木而冻结起来的同情心。我不知道其他处境相同的人是否像我一样经过如此剧烈的心灵交战，我在受审查时期曾有好几次发生过这样的精神危机。也许勇者是不会这样的。可是我的性格中蕴涵着一些我所不愿有的怯懦成分，这一次我克服了自己的懦弱。但是应该承认，我并不是每一次都能做到这一步的。我通过罗荪把中晓的信转给了主持上海文教工作的石西民。他曾向我表示过，可以向他反映自己的困难，也包括其他受到处分的人，哪怕关在牢里的也是一样。我和石西民素不相识，他说这些话的时候，我不敢深信，但后来证明他是真诚的。多亏在那可怕的岁月里有这样一些人，中晓总算有了一线生机。可是他没有活多久就逝世了。

现在已没有人说得出中晓离开世间的确切年月，可以知道的是，他偏偏多活了一些时日，偏偏还要经历“文革”的浩劫。这究竟是命运的播弄？还是天地不仁，必须使他遍历人世的磨难？那时他只身蛰居上海，在新华书店做寄发书刊的杂活，勉强糊口。“文革”一来，苦难和疾病把他拖垮了。据估计，他死于一九六六年或一九六七年，享年三十六七岁。当中晓能够苦撑着生存下来的时候，他相信未来，相信知识的力量。他决不苟且偷生，能活一天，就做一天自己要做的事。留下来的这本《无梦楼随笔》就是一个见证。书中生动地表明他是怎样在困厄逆境中挣扎，怎样处于绝地还在内心深处怀着一团不灭的火焰，用它来照明周围的阴霾和苦难。当时他的贫困是难以想象的。我们从他的札记里时常可以读到：“寒衣卖尽”、“早餐阙如”、“写于咯血后”之类的记载。据说他曾把破烂外衣补补缝缝改为内裤。他就是在这种极端艰难困苦中，一笔一笔写下他那血泪凝成的思想结晶。

当路莘把书稿交给我嘱我写序的时候，正是我束装南下的前夕。在几天内，我读了经过整理的书稿，又借来中晓那三本札记。一边读，一边心潮随着起伏、激荡。我还来不及细细消化，借来的书稿和札记都得交还了。我写这篇序的时候，总觉得未能较深体会这些平凡文字的深意。从中我惊讶地发现，经过一九五五年的事件，痛定思痛，我们在许多方面几乎有着同样的内心体验和精神历程，这首先表现在完全出于自觉的反思上。这种反思是痛苦的，但它是以一种巨大的精神力量来进行的。人的尊严愈是遭到凌辱，人的人格意识就愈会变得坚强起来。这是施加暴虐的人所不理解的。在那些年代里，中晓以旺盛的求知欲读了他所能得到的书籍。在哲学方面，除了马、恩原著外，主要是康德与黑格尔，他也是黑氏《小逻辑》一书的热心读者。他的札记中有《小逻辑》的大量摘录。札记中凡摘录黑氏著作，使用的都是贺译的名词术语。此外，他为了拓展视野，补足自己的知识不足，还读了不少古书。我发觉他对程朱理学和陆王心学都予以特殊的注意，这显然是想要纠正过去用唯物唯心划线，轻视思辨哲学的偏颇。札记中还用了不少篇幅来摘录《周易》的文字，可惜很少据以引申出自己的看法。中晓摘录这些文字，不会没有想法，但我们不能悬揣。札记中也摘录了不少基督教《圣经·新约全书》与《圣经·旧约全书》中的文字。这方面比较容易理解。比如札记中曾摘录《旧约箴言》的话："你在患难之日若胆怯，你的力量就微小。"显然就是和他当时处境与心情相关联的。

这本书的不平常处，就在于它的作者没有想到能发表供人阅读。他那隐闭着的心灵沉思，我们从这本选编而成的《无梦楼随笔》中只能窥见一斑。要理解他在饱经患难中所经历的心路历程，即使读了全部原始札记，也仍旧不能轻易揭开那扇隐秘的心扉。因为在当时处境下，纵使他在写给自己看的札记中，也还不能直言无隐。札记中有一些自藏锋芒的隐语，一时是不容易明白它的含义的。札记中也有一些观点是在反思中出现的尚未成型的看法，记下来可能是为了备忘，以待日后进一步思考。但我觉得，如果我们细细体会他所留下的三本札记，就可以按照那些断断续续记下的一鳞半爪的思想轨迹，去探索他的思想变化、心理活动和精神历程。他在历经磨难、艰苦备尝的环境中，没有丧失生活的勇气，始终怀着一颗在知识中寻求力量的赤子之心。这不是每个中国知识分子都可以做到的。

二

《无梦楼随笔》是中晓于一九五六年因咯血被允许保外就医至一九六三年间所写下的札记。那时他作为被管制的“胡风反革命分子”，是没有言论和行动的自由的，因此他在撰写这些札记的时候不得不格外谨慎。后来事实证明，作者这种小心翼翼的态度是完全必要的。这本书附有作者于一九六六年十月七日向监管机构所作的《关于三本笔记的检查》。其中说到为了盘问这些札记的事，“当地（曾）将（他）父亲禁闭吊打”。这份《检查》通篇都是为札记进行解释的。作者在《检查》中说写札记的动机是为了留下自己的思想资料，以便“用毛泽东思想加以批评和改造”，这显然是托词。作者既然早就知道当时可能遭到的危险，为什么他还要撰写这些札记呢？作者于一九六六年离家时，垂泪向父母和弟弟说道：“我牵连害苦了你们，心里很难过。今年我三十六岁，光身一条，只有两箱的书和十年中所写的几本札记。这一去凶吉不知，这些札记也许以后有点用，求你们给我保存好。”从这些话来看，作者是十分重视这些札记的。作者在这本书第一部分“文史杂抄”小序中也说，他将这些札记汇编成集，曾“五易寒暑，三经删订”。

小序还说“因杂观群书，遂抄摘斯篇。掇拾贯穿，无所不记……”，似乎作者全是摘抄他人著作，而未参入己见。正由于这缘故，它被人目为零碎散乱如断烂朝报。我开头也有类似看法，但渐渐我的看法改变了。编者所编选的这一部分，我发现绝大多数都是作者自己撰写的文字，只是因这些文字经过了自藏锋芒的修饰，一时不容易看出来罢了，但倘细加推考，就不难见其思想轨迹。其中有一些直接针砭时弊的文字，还是容易辨认的。比如：

> 流氓哲学与政治哲学之间……如果没有道义的标准，两者实际上是无区别的……（第二十二节）

> 中国人的理论，学术著作，读来如一批命令，缺乏纯真的乐趣（美学上的享受）。没有精神参加进去，没有精神（个性）的活动。或者是抄袭，或者是枯燥的理智，或者是官廷语言的堆积……（第六十一节）

> 中国人的所谓心术，是一整套没有心肝的统治手段，残酷地进行欺诈和暴力行为……心术越高，而他心中的人性越少。如果他让心术和人性共存，那么，他将是一个伟大的悲剧性格。他可能而且只能在他的关键时刻，毁灭自己……（第七十三节）

……宗教裁判所对待异教徒的手段是火刑，而现代只是使他沉默，或者直到他讲出违反他的本心的话。（第八十节）

当世俗的权利在精神的王国中挥舞着屠刀，企图以外在的强加来统治内在的世界。于是就产生诛心之论，产生法外之意。（第一百一十一节）

一切美好的东西必须体现在个人身上。一个美好的社会不是对于国家的尊重，而是来自个人的自由发展……（第一百一十二节）

是像人一样地生活、感觉和思想，还是像僵尸一样地不思想？兽一样冲动？百灵鸟一样地学舌？（第一百一十六节）

……

这些文字可以判定完全出于作者手笔，而不是引自前人的著作。因为只有处于作者那样特定的环境和遭遇，具有作者那种特定的个性、气质、禀赋的人，才会写下这样的文字。其中有许多话，比如第三十九节“人不是神，正如人不是兽”是“文革”后常用的类似说法。但要知道，作者写下这句话的时候是在“文革”前，甚至在一九六二年以前，比后来说这话的人至少要早十五年。我认为更值得注意的还不在于作者思想上的敏感，重要的是他具有一颗善于体察人类悲剧的同情心。困难和不幸并没有把这颗心磨硬，使他变得冷酷，相反倒增加了他对别人的苦难和不幸的同情与洞察力。在陷入胡风冤案前，我们都倾向于激进派，思想偏激，不赞成也不大懂得容忍和宽恕在一定情况下是必要的。我们在文章中，有时甚至会滥用疾恶如仇的激情去斥责对手，一定要把话说得淋漓尽致刻骨镂心才称心意，而没有想一想这些人并非大奸巨慝，他们同样是处在淫威之下。不幸的打击和苦难的折磨，不是令人丧失良知，堕入地狱，就是相反，锻炼人的毅力，使人净化自己的灵魂。作者在许多章节中都显示了一种新的思想境界。他在第九十九节说：

过去认为只有睚眦必报和锲而不舍才是为人负责的表现，现在却感到，宽恕和忘记也有一定意义，只要不被作为邪恶的利用和牺牲。耶稣并不是完全错。

据我的印象，这是作者过去很少涉及的思想领域。紧接上面引文，还有这样两行文字："一九六一年九月十日，病发后六日记于无梦楼，时西风凛冽，秋雨连宵，寒衣卖尽，早餐阙如之时也。"在如此困顿的逆境中，作者没有被生活所压倒，没有产生丝毫的沮丧情绪，仍然保持着清明的头脑和宽广的胸怀，这是令人感动令人惊讶的。饱经忧患使他更为同情地去看待人类的悲剧。作者在第五十七节中说：

在颠倒的世界和混乱的时代中，人们的言论的悖理和行为的道德违反人性，是当然的现象。他们是牺牲者，道德上的失败者。他们干出了最蠢的事，像陷入一场恶梦那样，恐怖疲劳，两眼失神，他们的内心是非常的矛盾和不安的。他们的不负责任和不诚实，常常是违反本质的。

读这段话需要仔细体会作者的时代和环境。如果不理解中国知识分子的苦难历程，不理解人在接连不断的运动中由于恐惧和保存自己的本能会干出怎样的蠢事，不理解牺牲者、道德失败者的人性是怎样被扭曲的……就不会懂得作者的这些告白。作者曾经赞美"出于自由心情"的"容忍"，却以"幻想统治者恩赐的奴隶道德"这一特定含义赋予"仁慈"这两个字(见第二十五节)。如果还后者以应有的意蕴，我们可以说，作者对待由苦难所滋生出来的脆弱人性等是宽恕的，也是仁慈的。我以为这类文字凝聚了作者极其深刻的思想，构成了这本书的最美篇章。

从这本书一些文字中也可以看出作者正经历着极为痛苦的思想探索过程，如果命运不是那样残酷地把多种不幸降在他身上，而使他享有天年，我相信他会在现代中国思想史上做出很少有人可以匹敌的贡献的。可见他在荆棘丛生的思想征程上起步不久，才三十多岁，还可以工作许多年，就夭折了。从这本书可以看出，他十分赞扬黑格尔哲学，如第一百三十五节谈到"建立体系的大师"，第一百零九节谈到"圣人虽然不怒，但恨却更合乎人性"，第九十八节谈到"历史上有地位和成体系的大家，他们都代表真理发展的一个环节"……这些说法不难发现黑格尔的影子。作者对康德却往往不无微词。(不知是不是因为仍旧怀着激进的启蒙心态，对他的不可知论表示不满?)书中第一节谈到"哲学的任务是在于使人有力量(理性)来改变外来压迫和内在冲动"，列举了康德、黑格尔、斯宾诺莎、狄德罗、费尔巴哈诸说，但在末尾又加上："无梦楼按：康德例外，他对这力量本身怀疑。"那么上面那段正文是谁说的呢？对于这段话的正文和按语我一直在思考，我认为两者都可能出于作者的手笔。为什么要这样做？回答就是我在前面已经说过的作者为了提防检查，事先做好自藏锋芒的修饰。第十四节谈到真理论，在正文后的括弧中说："远处传来了康德的声音：不，只说对了一半，人类对真理是不可知的。"第一百六十七节是推崇康德批判独断主义，作者说康德站在远处。倘细察默省我们就会这样想，随着日月推移，作者将越来越向康德逼近，然而作者早逝，这种推测将始终成为一种推测而已。

这本书编者记述作者在横逆和困顿中好学不倦的精神是令人感动的："为了能看到书报，他常在早上四点钟起床，从绍兴东关坐三个小时的手摇船到绍兴城，在书店、在路边的报栏站几个钟头阅读，到中午十一时再坐船回家。"作者舍不得用有限的生活费买一些必要的生活用品，连内裤都是剪裁已经破烂的外衣补缀而成，可是他回乡后在几年中，购买了一批书价并不便宜的书，有：《历史哲学》、《魏晋玄学论稿》、《哲学史讲演录》、《伦理学》、《罗曼·罗兰文抄》、《松阴讲义》、《汉学商兑》、《薛文清公读书谈》、《朱子语类辑略》、《判断力批判》、《反杜林论》等等。作者并不把学术和思想看成是对立的，认为重学术就会轻思想，像有人所说的"学术出台思想淡化"那样。正由于他勤学苦读，才使他的思想更臻于成熟、深刻。对他来说，学术不但没有淡化思想，相反，却是深化思想的一个必要因素。

一九九二年

贺麟《文化与人生》

贺麟著《文化与人生》于一九四七年由商务印书馆出版。建国后，经作者增订于一九八八年刊行了新的第一版。我读的是今年第二次印刷的再版本。书中所收各文可分建国前与建国后两部分。贺麟先生迻译的德国古典哲学，我是认真读过的。他的译笔忠实明晰，为同类其他译本所不及。但他本人的论著，尤其是抗战期间所写的论述传统文化的文章，我读得很少。这本书中关于传统道德、五伦观念、法治类型、诸葛亮与道家、读书方法与思想方法等文，都给我很大启迪。去年参加温哥华之会与杜维明旅舍相聚，曾就传统道德中的三纲五常问题谈至深夜。如果我早读到这本书所收一九四〇年发表的《五伦观念的新检讨》一文，我们就会将它作为话题了。贺书所阐明的儒家等差之爱与墨家兼爱的区别，以及五伦与三纲之不可分割，都是很有见地的。书中还收有谈诸葛亮的文章，其中提及战时王芸生于《大公报》发表《论诸葛亮》上、中、下三篇。王芸生批评诸葛亮有两点：一、袭取王船山责先主君臣“勤于耕战，察于名法，而于长养人才，涵育熏陶之道，未之讲也”之说，认为诸葛亮“养才用才皆嫌不足”。二、亦是片面采取王船山之说，援陈寿所谓“应变将略非其所长”，断言诸葛亮伐魏时军略有错误。贺文对于这两点未加深论，但对王芸生意图推翻宋儒称“诸葛孔明有儒者气象”的旧案而将他归为“法道合抱”的学养，则加以辩驳。贺文在不满四千言的篇幅中，以充分的史实和明彻的论据，提出了自己的不同见解，令人折服。王芸生称孔明的“淡泊明志，宁静致远”与老子的“知虚守静，知黑守白”相一致。贺文认为以此作为“法道合抱”说的根据，是难以成立的。因为“淡泊宁静之教不仅道出了儒道两家的共同点，且亦道出了千古学人应有态度，所谓‘平淡的生活与高远的思想’(Plain living and high thinking)，实中外学人应有之风致”。

贺著另有《法治的类型》一文，曾区分法治有三：第一种为申韩式的法治，亦即基于功利的法治。简言之，这种法治乃急近功、贪速利，以人民为实现功利政府的工具，以法律为贯彻武士征服或强权统治的手段，以奖赏为引诱人图功的甘饵，以刑罚为压迫人就范的利器。第二种为诸葛式的法治，或基于道德的法治。第三种为近代民主式的法治，亦即基于学术的法治。这里想对作者所说的诸葛式的法治谈一些想法。史称诸葛武侯治蜀以严，贺文解释这个“严”字说：“所谓‘严’并不是苛虐残酷的意思，乃含有严立法度，整饬纪纲的意思。父教子以严，上治下以严，严即表示执法令者对遵法令者有一种亲属的关切，故欲施以严格的教育与训练。”贺文称所谓“陟罚臧否，不宜异同。若有作奸犯科，及为忠善者，宜付有司，论其刑赏，以昭陛下平明之治。不宜偏私，使内外异法也”这几句话既提出严纪律，信赏罚，兼有申韩之长，又提出要不偏私，以求达到公平开明的政治，乃是代表道德的法治最精要的宣言。

至于挥泪斩马谡一事，更说明诸葛对行军的法令、朋友的情谊双方顾全，而与残酷不近人情的申韩式的法治迥不相同。陈寿说诸葛的法治特点在于"刑政虽峻而无怨，以其用心平而劝戒明也"，确是中肯之论。诸葛以宁静淡泊自守，"苟全性命于乱世，不求闻达于诸侯"，这种风度与历史上那些以才智干君王猎求富贵的名法之士，大相径庭。宋儒说他有儒者气度，观此益信。贺文说这种类型的法治颇似近世西洋政治思想家所倡导的"仁惠的干涉或开明的专制"。关于后者，贺文未说明是哪些政治思想家，但就文中重点阐述的所谓"人民公意"来看，可以推知乃隐隐指的是卢梭的社会契约论。公意说正是卢梭社会契约论的核心。根据这种说法，作为全体人民意见杂凑的众意，往往意见浮嚣，矛盾错误，拘近习，无远图，而只有出于杰出政治人物的远见卓识，才能把握为人民真正幸福打算应当如此的理想意志，这就是公意。（请参见拙著《清园夜读》所收《谈公意及其他》一文。）值得注意的是作者未将公意论归入他划为第三种类型的近代民主式的法治，而说它"应属于诸葛式的法治类型"，这一点颇耐人寻味。作者称这种道德的法治实行的条件之一，是需要"政府贤明，有德高望重识远谋深的政治领袖，以执行教育、训练、组织民众之责"。这也确实和公意说相契。不过，这段文字还包括更深一层的含义，就是道德的说法应该向民主式的法治过渡，才是发展的正途。贺文的特点，重在蕴藉，而不事雕饰，深意往往出于微言，书中各篇，率多类此。

一九九六年十月二十三日

谈无政府主义小集

一

最近我读了些有关无政府主义思想的资料。西方革命思潮最早进入中土的是无政府主义。这是在二十世纪初开始的。大约在一九〇二年，马君武首先介绍了《俄罗斯大风潮》。由于中国革新运动屡遭失败，当时一些和平稳健人物，如蔡元培、马叙伦，甚至太虚和尚，也都浸染了这股无政府主义思潮。代表当时无政府主义思潮的主要人物刘师培于一九〇四年发表在《中国白话报》第六期的《论激烈的好处》一文说："天下的事情，没有破坏，就没有建设。这平和党的人各事都要保全，这激烈派的人各事都要破坏。我明晓得这破坏的人断断不能建设；但是中国到了现在，政府既坏得不堪，十八省的山河都被异族占去了，中国的人民不实行革命，断断不能立国，就是破坏两字，也是断断不能免的了。"这段话颇能道出当时无政府主义者的思想情绪，如果用作对于激进主义一词的说明，倒是十分接近的。激进主义发生在"五四"以前，"五四"和"五四"以后的思想都或多或少受这一思潮的影响。“文革”时期的“造反有理”、“大乱才有大治”、“破字当头，立在其中”、“两个彻底决裂”等等，都是这股思潮愈演愈烈的余波。我的反思是想要发掘极“左”思想的根源，这和意图否定八十年代是不相干的。不过我对于所谓八十年代是重思想，九十年代是重学术，因而九十年代的反思，就形成了“学术出台，思想淡化”，或今天更进一步的“学术压思想”诸如此类的意见，是不能同意的。我仍旧认为今天应该多一些有学术的思想和有思想的学术。如果有人反对，硬要将思想和学术截然分开，这是他的自由。我不想强人从己，也不想强己从人。我说的只是我以为然的道理，希望它或许对读者不无借鉴之处。

一九九六年

二

无政府主义在二十世纪风行的另一个原因，在于它是最早传入我国的西方革命理论。无政府主义是一种激进主义。激进主义这一概念在许多人心目中并不一样，批评激进主义的人立场也不尽相同。我并不认为激进主义专属哪一党派，而是界定它为思想狂热，见解偏激，喜爱暴力，趋于极端的一种思潮。较远的例如无政府主义，较近的例如红卫兵的造反运动。关于前者我曾举出刘师培的理论。这不是孤立的，早期无政府主义者几乎都持类似看法。一九〇三年马叙伦发表在《政艺通报》上的《二十世纪新主义》，就提到无政府主义者的破坏宗旨。同年，杨笃生撰《湖南之湖南人》，第五篇以《破坏》为题，歌颂破坏精神说："非隆隆之炸弹，不足以惊起入梦之游魂；非霍霍之刀光，不足以刮其沁心之铜臭，呜呼！破坏之活剧，吾曹安得不一睹之？破坏之悬崖，吾曹安得不一临之？轰轰烈烈哉，破坏之前途也；葱葱茏茏哉，破坏之景象也。夷羊在牧，吾以破坏为威凤之翔于天；旱魃行灾，吾以破坏为神龙之行于海。"同年，自然生（张继）纂《无政府主义》，燕客在序中明白宣告："破坏不能与建设并行，现欲行大破坏，当专以破坏为脑。"文末大声疾呼："吾愿杀尽满洲人，杀尽亚洲特产之君王、杀尽政府官吏、杀尽财产家、杀尽资本家、杀尽孔孟之徒、杀尽结婚者。"这种荡涤一切的狂热，令人不能不想到半个多世纪后的"破四旧"、"大批判"、"造反有理"、"两个彻底决裂"、"破字当头，立在其中"、"大乱才有大治"等等造反口号与行动。其区别是前者处于被压迫地位，而后者是受到保护的。但就手段来说则两者完全一致。我为了究明成为长期顽症的极"左"思潮的历史根源，近两年读了一些有关无政府主义的著作。自然极"左"思潮的思想根源并不完全来自西方传入的激进主义，它也和中国历代的农民造反运动有着一定的关联。红卫兵运动的狂热性与冲动性，都可以在已往的太平天国或义和团等农民运动中找到类似的特征。

一九九六年

三

据太虚法师年谱载，他早年在思想上与严复、章太炎、梁启超、梁漱溟等都发生过某种瓜葛。他曾撰《整理僧伽制度论》，其中"论僧"部分与章太炎的建立宗教论同旨。在评论世学方面，则有《论陈独秀自杀论》、《睐盦读书录》、《论胡适之中国哲学史大纲上篇》、《读梁漱溟君唯识学与佛学》、《论梁漱溟东西文化及其哲学》、《近代人生观的评判》等。所可惜者，年谱在这方面大多一笔带过，其中只有"大师不满胡适之进化论的历史观念，责其抹煞个人之才性，不明佛法之心性"，"梁漱溟时有《唯识述义》公世，右空宗而抑唯识，大师为论空与唯识，义本一致"等数条。年谱还记有太虚游绍兴，盘桓二三月，曾撰文于绍兴公报，宣导立宪政治及普及教育等。此事亦见孙伏园著《鲁迅先生眼中的太虚》一文。关于太虚相信无政府主义，年谱于辛亥前一年（一九一〇年）条下有这样的记载：太虚"由君宪而国民革命，而社会革命，而无政府主义"。当时太虚曾为吕大任主编《良心月刊》，鼓吹无政府主义。并著《无神论》比较政治与宗教的进化历程："政治界之进化，由酋长而君主，由君主而共和，由共和而无治（指无政府）。宗教界之进化，由多神而一神，由一神而（无神）尚圣，由尚圣而无教。"年谱称这一说法为"遮他边"。大概佛家因破人我诸执而成"日损之学"（用熊十力说），所以才可能接受行彻底破坏的无政府主义学说吧。但无论如何这总是证明了无政府主义在当时风行之广。"五四"时期胡适所记日记中称谈论无政府主义为当时的“时髦”风尚。但真正原因恐怕只能以中国百年来改革多遭挫折来说明。社会过于黑暗，使许多要改变现状的志士仁人，选择了采取暴力手段的无政府主义。当时接受无政府主义思潮的人还有不少性格和平受到传统文化熏陶很深的人物，如蔡元培、马叙伦、刘师培、吴稚晖等。

一九九六年

四

一九〇七年，刘师培偕妻子何班(后更名震)东渡日本，先办《天义报》，遭查封后，又办《衡报》。这两个刊物是刘师培思想转向无政府主义时办的，但其中也留下不少有关我国早期社会主义思潮的重要文献。《天义报》第十六、十七、十八、十九共四期合刊上(一九〇八年)，载有刘师培的《〈共产党宣言〉序》。《衡报》最值得重视的文章是《论共产制易行于中国》。这里说的共产制，援引了苦鲁巴特金(今译克鲁泡特金)《面包掠取》第三章：“详述无政府共产主义，最精之语则谓，由无政府而生共产制，由共产制而无政府。”作者认为这种共产制于中国古史“确然有征”，并举《礼记·祭法》篇的“共财”说、顾炎武释《礼记大传》的“合食通财”说、《汉书·食货志》的“计亩均收”说，以及《礼记·礼运》的“老有所终，壮有所用，幼有所长，鳏寡孤独废疾者皆有所养”等，谓“此即共产之确据”。然而最引起我注意的还是下面这段话：“东汉之时，张鲁据汉中，诸祭酒各起义舍于路间亭传，悬置米肉以给行旅，食者量腹取足，此亦共产制之行于一方者。”把五斗米教张鲁所立之制视为共产制之先声，这令我不禁想起，五十年后，在北戴河讨论人民公社决议案时，曾附毛注《张鲁传》以供参考，毛注也是认为五斗米教的种种措施含有共产制的因素。如果上面那篇文章果为刘师培所撰，那么在这个问题上，他却是一鞭先着。

一九九六年

五

辛亥革命前，刘师培在日本所办《衡报》还有一篇文章《无政府革命与农民革命》也值得注意。文章一开头就断言：“欲行无政府革命，必自农民革命始。”所谓农民革命，指的乃是“以抗税诸法反对政府与田主”。文章阐明革命必自农民始的理由有四：甲、中国大资本家以田主为多数。乙、中国人民以农民为多数。丙、中国政府的财政以地租为大宗，农民抗税，财政必定不支，则颠覆政府必易奏功。丁、财产共有制必以土地共有为始基，如农民实行土地共有，则一切财产均可易为共产制。作者接着分析了农民为什么可以投入革命的理由，除指出团结性等等以外，最值得注意的，是作者从历史上不断涌现的农民起义运动，来证明农民最具抵抗力（反抗性）。作者列举陈涉起于佣耕，刘秀起于力农。唐初刘黑闼起于漳南，所率都是农民；而西晋农民扰乱，也都是无食农民。明代邓茂士以佃农之微起兵闽省，而明末之乱也以无食农民占多数。近世蔓延北方被称为“捻匪”之众者，实如曾国藩之奏，“聚则为匪，散则为农”。晚清，北方及川、黔、湘、浙、粤各省会党，多事力农，反对差役，其殴官各巨案，鲜出于市民，而多行之于农村。更近发生镇江之闹漕，桐乡万倾湖之暴动，湖北之后湖，安徽之八都湖等等事件，都以农民反抗为主。作者在那时就提出当以农民为主力的革命理论，诚然是一鞭先着的。在刘文发表二十年后，中国的苏维埃土地革命起，也是以农民为主力军的。

三十多年前，笔者在上海古籍书店二楼旧书部，见有《刘申叔先生遗书》，问价超过百元，倘把书买回家去，则可堆满小半间房间，这不是我辈可以问津的。然而不仔细读他的书，就无法对其人其学作出公允的评价。刘师培仅仅活了三十多岁，他的一生极为复杂，其行径之曲折，往往令人诧异。如早期投书端方，晚年依靠袁世凯，这些失去操守的行为，一再受到人们的指摘，即使对他取同情态度的弟子亦不为之讳。黄季刚曾评曰：“忧思伤其天年，流谤及于后世，贻人笑柄，至可痛惜！”但世人诋诃，多出于道德上的责备，殊少思想上的探索。其实从激进革命走向拥戴独裁，也不是没有思想上的线索可寻。这在中外近代史上是不乏先例的。所谓两极相反亦相通，我以为激进主义的趋向极端、崇尚暴力、蔑弃人道、反对民主可能就是两极相通的途径之一。

一九九六年

读《毛选》记

一

这方面已有不少有价值的文献，如《新民学会资料》、《湘江评论》、《讲堂录》、《伦理学原理批语》等都是研究毛泽东早期文化思想的重要资料。建国初至“文革”前夕为毛泽东管理图书报刊的逄先知所写的《毛泽东的读书生活》，是记述毛泽东后期文化思想的重要文献。

毛泽东在“五四”早、中期固然赞赏胡适、陈独秀、吴虞、李大钊等，但并不主张废弃传统文化。早在湖南第一师范就读时，他就受到杨昌济的熏陶。“五四”前夕，一九一四年他在日记中写道：“仍抄曾文正公日记，欲在一月以内抄完，亦文正一书不完不看他书之意也。”“五四”新文化运动开始，一九一七年，他仍自称“独服曾文正”。当时，他还往“船山学社”聆听学术报告。直至一九三七年，他成为党的领袖，在延安讲授哲学，还请边区外的同志为他搜购自己收藏不全的《船山遗书》。在湖南就读时，曾多次偕蔡和森、萧子升、易礼容等出游北京、上海、山东等地，拜访孔孟故居，向陈独秀、胡适等求学问道。

这期间，除醉心阅读《新青年》外，也钻研古籍。重点阅读的书有《近思录》、《仁学》、《资治通鉴》、《读史方舆纪要》、《昭明文选》、《韩昌黎全集》等。一九二〇年他给周世钊的信中说："东方文明在世界文明内要占半壁的地位，然东方文明可以说就是中国文明。"这都说明"五四"时期青年毛泽东对传统文化的重视。

去年出版的汪澍白《毛泽东思想与文化传统》，有一章曾根据毛泽东的《伦理学原理批语》等，从"本原论"、"格致说"、"知行观"三方面来阐述朱熹哲学对青年毛泽东的影响，足资研究者参考。我认为汪著提及颜习斋对毛泽东的影响是更值得注意的。颜习斋出生在北方一个小村落，他的生涯大多在家乡度过，他把读书比作"吞砒（霜）"，强调习行有用之学。所谓习行有用之学唯兵、农、礼乐三端。《年谱》记他对张文升说："如天不废予，将以七字富天下，垦荒、均田、兴水利；以六字强天下，人皆兵、官皆将；以九字安天下，举人才、正大经、兴礼乐。"颜习斋排斥读书强调实践，其说与宋明诸儒迥异，但仍是儒家的一个学派（侯外庐《中国思想通史》称颜学不是儒学，而是墨学的复活。李泽厚从之。此说不确。盖墨子非攻，颜元却主张以军旅强天下）。故钱穆说他气魄之深沉，识解之毅决非南方学者梨洲、船山、亭林诸人所及，并谓其思想深层与王阳明有一定渊源，故称其"仍是宋明诸儒矩矱"。

汪著指出毛泽东于一九三七年写的《实践论》多次直接使用了知行这个中国哲学史上习用的范畴。一九五一年《实践论》公开发表时，毛泽东还特意加上"认识和实践的关系——知和行的关系"，虽然后来毛泽东在关于坂田文章的谈话中说，从实践到认识，再从认识到实践的飞跃，老庄、墨子、张载、李贽、王船山、谭嗣同都“没有讲清楚”；但是，用实践来概括认识论，却是和颜习斋的思想有相通之处的。颜最重亲知，强调“要在行字着力”。他名所居为“习斋”就是表示重视躬行践履之意。他最初也是信奉程朱陆王之学，后来又转而对它进行了批判。他在《言行录教及门》中说：“古今旋转乾坤开物成务，由皇帝王霸以至秦汉唐宋明，皆非书生也。读书著书能损人神智气力，不能益人才德。”他力排朱子的读书为穷理之说，以为“试观今天下秀才晓事否？读书人便愚，多读更愚，但书生必自智，其愚却愈深”。他著书很少，但留下这类排斥读书的话却很多。汪著指出，毛泽东也多次发表过类似的见解，并援引毛泽东一九六四年春节座谈会的讲话为证。“讲话”称：“明朝搞得好的，只有明太祖明成祖父子两个，一个不识字，一个识字不多，是比较好的皇帝。以后到了嘉靖，知识分子当政，反而不成事，国家就管不好。书读多了，就作不了好皇帝。”早在《反对本本主义》一文中也说过：“读过马克思主义‘本本’的许多人，成了革命的叛徒，那些不识字的工人常常能够很好地掌握马克思主义。”我认为毛泽东主张知识分子只有参加体力劳动才能改造思想也和上述观点不无关系。体力劳动是指上山下乡运动，到农村去滚一身泥巴。他到了晚年更进一步提出知识分子要接受贫下中农的再教育。这时他不再像从前那样承认农民身上也有落后的东西，而是把农民当作无产者，和工人阶级等同起来了。我在文中说，据传毛泽东在晚年读的是大量线装书。现在查阅了逄先知的《毛泽东的读书生活》，可将要旨转述如下：进北京后，逄为毛泽东特地买了一部《四部备要》，一部大字本《二十四史》。前者，他读了大部分。后者，则不止通读一遍。他还浏览了大量中国古代的诗、词、曲、赋、小说等。但对外国作品却读得很少。逄只举出了《茶花女》、《简·爱》、《罗密欧与朱丽叶》寥寥几部。至于经济管理，特别是国外有关社会化生产管理方面的书就读得更少了。

一九八八年

二

过去我一直认为毛泽东主要只是吸取继承中国传统中的东西（在大陆学术界这种看法似乎至今仍占支配地位），其实这是很片面的。我重新探讨这一问题，发现他以前很注意苏联的理论概况以及由苏联理论家阐释的马克思主义著作。他读过不少这方面的书，比如在延安时期战前出版的里昂吉耶夫的经济学，亚历山大洛夫的哲学之类。延安整风时期刊印的"干部必读"，大概是经他指定的书籍，而这些书也都是同类性质的。作为他的哲学奠基之作的两论《实践论》与《矛盾论》，是以列宁的《唯物主义与经验批判主义》、《谈谈辩证法》以及斯大林的《历史唯物主义与辩证唯物主义》为依据的。两论是毛泽东思想的根本，其他政治、经济、社会、文化等等学说均以此为基础。两论中虽然也偶或涉及中国传统观念（如知行的模式、老子语录、孙子及其他兵法家的警句，《水浒》中的三打祝家庄的故事等等)，但这些都只是他所谓的"民族形式"，或用来说明原理，或作为例证而加以援引，并不是立论的根据。他在倡导人民公社时，想到的是《张鲁传》和巴黎公社，而人民公社的命名就是由仿效巴黎公社而来。列宁的《唯物主义与经验批判主义》对他的影响特别大。苏共与中共都曾以这部书作为党校培训高级干部的教科书。建国后理论界长期以来用所谓哲学上唯物、唯心两条路线斗争模式来研究历史和历史人物，据以划线并判定高下，其根基即是来源于《唯物主义与经验批判主义》。至于"造反有理"，虽然主要是总结了中国历史上的农民造反运动的经验，但也渗进了法国大革命的影响。一位友人曾对我说，毛泽东的思想主要来自传统，我认为并不这样简单。比如作为他思想中的一个重要部分"改造人性"，这是传统中没有的，而是很可能来自从苏联理论界传入的有关法国大革命雅各宾专政时期对卢梭理论的诠释和实践。再如斗争哲学也是他思想中的一个重要部分，孔老二没有这个东西，也许和反人性、反人道的法家传统可以沾上点边，但主要还是他对阶级学说的诠释和创造性的发展。他的思想渊源是错综复杂的，仅仅用传统去概括，就不免简单和片面了。其中有来自传统的(但需要对儒释道墨法种种传统加以分辨，更需要将大传统与小传统加以区分)；有来自苏联所介绍的马克思主义理论的；也有对传统和外来学说加以创造性发展的等等。对于上述三个方面，大陆学界只强调头一种，承认第三种，而忽视了第二种，这是一种简单的看法。

一九九一年

三

今年《书摘》第四期载有《毛泽东与中共中央定都北京的经过》(摘自中国国际广播出版社的《首都中国：迁都与中国历史大动脉的流向》)。文中称，毛泽东对建国后首都的选定及国家政权性质的确定，起了至关重要的作用。文章记述了一九四八年九月八日毛泽东在西柏坡村召开的中共中央“九月会议”上的重要讲话：“我们要建立的是无产阶级领导的以工农联盟为基础的人民民主专政。这个政权不仅仅是工农，还包括小资产阶级、包括民主党派、包括从蒋介石那里分裂出来的资产阶级分子。政权制度采用民主集中制，即人民代表会议制，而不采用资产阶级的议会制。各级政府都要加上‘人民’二字，各种政权也要加上‘人民’二字。如法院叫人民法院，解放军叫人民解放军，以示与蒋介石政权的根本对立。”

毛所发表的关于国家政权的讲话，后来都付诸实行了。其中有几点值得注意：一、其国家学说的来源。它和卢梭的国家学说、列宁的《国家与革命》、苏联的政权体制、解放区的政权经验等关系，均应作出探讨，这是至今没有人认真研究过的问题。二、看样子毛泽东在“九月会议”上的讲话，是有充分准备的。不知事前做过怎样的酝酿？是集体还是个人？哪些人参与其事？三、那时确立的国家政权学说，随着时间进展，以后曾有所更改。例如最早的国家政权是包括资产阶级、小资产阶级在内的。可是在七届二中全会决议中，则指出建国后的主要矛盾将是无产阶级与资产阶级的矛盾。两者说法差距很大,因此那时干部对于党的资产阶级政策——限制与反限制斗争一直吃不太准,常陷入或“左”或右的摇摆之中。实际上,二中全会既定为主要矛盾,资产阶级的命运就已经被决定了。至于把小资产阶级包括在国家政权之内,也同样是策略性的权宜措施。一九五四年毛泽东在中央文件上已将“小资产阶级”一词的“小”字全部删去。当时我在上海文委工作,文委书记是夏衍,下设三个组,我是其中一个组的组长。有一天夏衍对我说:“你注意到没有?毛主席在中央文件上把小资产阶级的‘小’全都删去了。”当时我们都不理解为什么要这样做。实际上这是把一向称作小资产阶级的知识分子划作资产阶级了。建国后前两年还讨论过文艺的工农兵方向是不是可以写小资产阶级,那时小资产阶级还不算无产阶级专政的对象。这一桩公案没有人谈过,今天许多人对此多半不知道了。

一九九八年

四

《晚年》记一九五八年十二月通过《关于人民公社若干问题的决议》,毛泽东将加批注的《张鲁传》印发与会者。批示中称张鲁五斗米教近乎“政教合一”、“劳武合一”云云。又记一九五八年十月二十八日,山东范县开万人大会,书记作报告说:“人人都进新乐园,吃饭穿用不要钱,鸡鸭鱼肉味道鲜,顿顿可吃四个盘,天天可以吃水果,各样衣服穿不完,人人都说天堂好,天堂不如新乐园。”毛批示:“此件很有意思,是一首诗,似乎也是可行的,时间似太匆忙。只三年也不要紧嘛,三年不成,顺延也可以嘛!”又记一九五六年八届二中全会时毛说:“苏共二十大的台风一刮,中国也有那么一些蚂蚁出洞。这是党内的动摇分子,一有机会他们就要动摇。党内外捧波匈事件的人捧得好呀!开口波兹南,闭口匈牙利,这一下就露出来了。蚂蚁出洞了,乌龟王八都出来了。”又记一九五八年三月成都会议,毛提出:“一个班必须崇拜班长,不崇拜不得了。个人崇拜有两种,一种是正确的,如对马恩列斯正确的东西,我们必须崇拜,不崇拜不得了。真理在我们手里为什么不崇拜呢?”又记一九五八年八月北戴河会议向各省领导口头讲话:“公共食堂吃饭不要钱就是共产主义;五到七年建成一个大工业国;全国就是一个大公社;马克思与秦始皇要结合起来;东西调不出来要点强迫命令。”云云。

一九九二年

五

我们的主流政治思想长期以来就已确立了以农民为主体的革命理论。在此以前,无政府主义者刘师培早在二十世纪初,就根据历史上层出不穷的农民造反运动提出了无政府革命必须以农民为主力军(见《天义报》:《无政府革命与农民革命》)。成为中国现代革命重要文献的《湖南农民运动考察报告》和《在延安文艺座谈会上的讲话》等都是承袭了这一观点。从一九五四年毛泽东在中央文件中圈去了所有“小资产阶级”一词中的“小”字以来,就进一步使农民从小资产阶级中超脱了出来,进入无产者行列,与工人阶级并驾齐驱,从而在“文化大革命”时期出现了“接受贫下中农再教育”的口号。而原来作为小资产阶级的知识分子,则晋升为资产阶级。此后出现的根据思想意识来划阶级的理论等等,就将知识分子当做了无产阶级的专政对象(当时根据经济地位来定性的资产阶级已不存在,唯一可以作为无产阶级专政对象的就只有资产阶级知识分子了)。所以建国后,历次政治运动都是先从资产阶级知识分子开刀。唯一例外的是,在六十年代初,七千人大会之后一段短暂的松动时期,周恩来曾在中南海紫光阁会议上,陈毅曾在广州会议上,先后发表了为知识分子摘去资产阶级帽子的讲话(可是在八届十中会议上,毛泽东发表了“千万不要忘记阶级斗争”的号令以后,又将情况完全扭转过来了)。如果在以前没有给知识分子带上资产阶级帽子的话,哪里来的为知识分子脱帽的必要呢?知识分子什么时候带上了资产阶级的帽子,并没有公开宣布过,也没有文件可考。据我所知,此事应该是在一九五四年毛把中央文件中的“小资产阶级”一词的“小”字圈去时开始的。

一九九一年

六

今年六月十六日出版的《党史信息报》,有一篇标题为《打倒知识分子的标语》的报道。内称,一九三一年的一天,毛泽东在瑞金的叶坪村一个住户门口,看见贴着一张绿纸标语,上面写着"打倒知识分子"。接着记者写道:"原来叶坪村农民非常愤恨本村一位经常帮助地主欺压群众,教过几年私塾的先生,由此对知识分子产生了恶感,视他们为打倒的对象。这标语是乡苏维埃政府安排文书老谢写的。"

《党史信息报》记者虽也举出一种原因,但这问题似应作更进一步探讨。如:为什么农民一方面尊重字纸,一方面又讨厌知识分子?为什么历史上的农民起义多歧视知识分子?等等。

一九九〇年

七

一定的政治信念往往会产生一种意识形态化的思维模式。意识形态化则基于一种意图伦理。意图伦理在我国有悠久的历史。许多观念改变了,但这一传统未变。"五四"时期反传统反得很厉害,但意图伦理的传统却一脉相承下来。一九一九年东西方文化问题论战时,蒋廷黻和杜亚泉曾就思想和态度问题进行了争论。杜批评蒋以感情和意志作为思想的原动力说:“先定了我喜欢什么,我要什么,然后想出道理来说明所以喜欢以及要的缘故。”这就是意图伦理。近数十年来此种思维模式大盛。我曾询问一些友人,延安文艺座谈会时期,提出知识分子思想改造的要义可否用一句话回答,朋友多答不出。其实很简单,就是“把屁股(后改为立足点)移过来”(《讲话》初版本)。这意思是说:在认识真理、辨别是非之前,首先需要端正态度、站稳立场。因为立场是认识的前提。这也就是说,你在认识真理以前首先要解决“爱什么,恨什么,拥护什么,反对什么”的问题,以达到“凡是敌人赞成的我们必须反对,凡是敌人反对的我们必须赞成”。只有在立场问题解决之后,才能认识真理。但是这样一来,你所认识的真理,已经带有既定意图的浓厚色彩了。我觉得这是思想领域的一个大问题。

一九九九年

文学小集

一

别林斯基对十九世纪俄罗斯文学曾发生过举足轻重的作用。他依靠友人的转述去理解黑格尔，从黑格尔那里吸取了许多东西。这里可以举一个例子，黑格尔门人及后继者对于黑氏美学中的情志 παθοζ 这一被阐述得十分精辟的概念，似乎并没有予以应有的注意和回应，别林斯基却认识到它的意义，懂得它是黑格尔美学中重要的思想之一。在他所写的一系列有关普希金的论文中，对这一概念作了引申和阐发，显出了真知灼见。但是他并不墨守前辈大师的规矩方圆。黑格尔对古希腊艺术推崇备至，却十分鄙视滥觞于他同时代并在他以后蔚为大观的近代文学，认为后者对前者来说，只是一种退化。别林斯基并不受这种偏颇观点的影响，他用自然派来命名果戈理时期的文学现象。这方面他所作的精辟论述，实际上是对十九世纪以人道主义为内容的俄罗斯文学的系统阐发。在这一点上，他是前无古人的。他比黑格尔生得晚，活在一个俄罗斯文学巨星光芒四射、人才辈出的时代。这些大师的乳汁哺育了他的审美趣味，他把从他们那里吸取的文学养料化为自己的血肉，又反转来成为影响和推动十九世纪俄罗斯文学前进的动力。普希金、莱蒙托夫、果戈理以后，风起云涌一个紧跟着一个出现的俄罗斯文学巨匠，很少不受这股思潮的扶持或推动，陀思妥耶夫斯基、屠格涅夫、涅克拉索夫、托尔斯泰……都受到它的影响。契诃夫，虽然生得较晚，但也是在这种文学气氛中成长起来的。在开拓这片文学大地的艰苦工作中，使别林斯基获得成功的一个重要关键，就是他的艺术鉴赏力。他逝世多年以后，车尔尼雪夫斯基重谈果戈理时期文学概观的时候，曾说了一句语重心长的话，他说，他在艺术鉴赏方面，不能提出比别林斯基更多一些意见，只能按照他所开拓的方向走下去。尽管车尔尼雪夫斯基比别林斯基受到的正规教育要多得多，但艺术鉴赏力，除了需要学识之外，更需要思维活动中源于禀赋的领悟能力。

一九九七年

二

文学园地是这样荒凉，仿佛活动和生命已经结束了，武器的铿锵声已经完全安静下来了。文学表现得没有性格，对社会没有力量，也没有影响。文学意见是这样脆弱和动摇，文学问题是这样暧昧和费解。阴沉和僵死的气息笼罩了一切……

在卑微的琐事的格斗中文学变得虚浮、堕落……

——涅克拉索夫

用嘈杂的喧嚷叫嚣遮没了一切的是些什么人？就是那批文学告密者，宣称自己的“一只小指头比所有的文学家的脑袋有着更多的智慧”的布尔加林之流；就是那批辞藻玩弄者，大言不惭地把自己拟为“俄国的巴尔扎克”，说自己的作品“给俄国文学打开了民族性的门”的马尔林斯基之流。泛滥在读书界的是什么作品？就是那些盲目模仿外国、贩卖廉价的“理想”、刻画的人物都是从一个模子里铸出来的同胞兄弟似的作品。这些作品装腔作势地卖弄着机智，宣扬着廉价的道德教诲，修饰着像客厅地板一样光滑的文体，为了强求意义才用思想去凑合语言……

这时，毅然走着相反的道路的果戈理的作品，怎么能够不被看作异端？要肯定果戈理的价值，就等于有意地去冒犯当时的权威，反抗当时的潮流。

以一个平民的身份出现在俄国解放运动第一阶段“贵族时期”的别林斯基，在围绕果戈理的战斗中，为树立“自然派”的大旗，他打了多少硬仗！

一九五二年

三

别林斯基以自然派的名称来概括十九世纪俄罗斯文学。

他曾以下面一段话来说明自然派文学的技巧问题。这段话的大意是："一篇引起读者注意的小说，内容越是平淡无奇，就越显出了作者过人的才华。当庸才着手去描写强烈的热情、深刻的性格的时候，他可以奋然跃起，说出响亮的独白，侈谈美丽的事物，用辉煌的装饰，圆熟的叙述，绚烂的词藻——这些依靠博学、智慧、教养和生活经验所获得的东西来欺骗读者。可是如果要他去描写日常的生活场面，平凡的散文的生活场面，请相信我，这对于他将成为一块真正的绊脚石"。我是从战前生活书店出版的《柏林斯基文学批评集》读到这段话的。这本书的译者是王凡西。严格地说，这只是一本小册子，全书只是别林斯基的几篇文章的摘译。但它给了我极其深刻的印象，影响了我对艺术的看法。我在五十年代初所写的一些文学论文里，曾不止一次援用过它。

"文革"时期批判所谓三十年代黑线时，说那时的文艺思想来自别、车、杜。事实上，三十年代译出的全部别、车、杜三家论著，除《译文》摘译的别林斯基几篇论文的片断外，只有王凡西的这本小册子。周扬翻译的车尔尼雪夫斯基的学位论文《生活与美学》是四十年代的事。至于比较完整介绍别、车、杜的论著，已是到了四十年代末五十年代初了（当时从事这项工作的是时代出版社的姜椿芳、满涛、辛未艾）。怎么能说三十年代所谓文艺黑线来源于别、车、杜呢？那时左翼文艺理论家所推崇的是普列汉诺夫，苏联的高尔基、吉尔波丁、罗森达尔，以及日本的藏原惟人、志贺直哉等。他们几乎没有涉及别、车、杜。我也是在四十年代末五十年代初才较多地知道别、车、杜的文学思想的。

人们习惯按照苏联理论界的说法，把别、车、杜称作是革命的民主主义思想家，以为他们的文艺思想显示了强烈的政治色彩。这种说法至少是夸大的。这三位思想家在自己论著中固然表现了一定的政治态度，但并不像我们所设想的那样，他们是把自己的政治概念灌输到审美趣味中去的。我始终不能忘记，我在四十年代从教条主义摆脱出来时，别林斯基的艺术观对我所发生的影响。他帮助我把自己的零碎感受提升为一种观念。这可以用我当时所读到的他的一种说法来阐明。这段话现在我已记不起是出于他的哪一篇论文了。大意说，"一个作家如果听从某种思想的指引，必须把它化为自己的血肉，使它获得人格的印证，否则这思想就会成为一种不生产的资本"。别林斯基这一论述和长期以来左翼文学理论关于思想性的说法迥不相同，倘非亲身感受是很难领会它所给予我的思想解放力量的。当时正在强调正确的世界观对于文艺创作的决定作用，两位具有权威性的文艺理论家何其芳、林默涵，正在严格地用这一理论去裁决文艺问题的是非。在这种使我感到压抑的窒息气氛下，一九五一年我写了《世界观·倾向性·人格力量》，发表在梅林主编的《文学界》上。这篇文章援引并阐发了别林斯基那段话。一九五二年我编《向着真实》集子时，一位对我怀着善意担任领导工作的朋友，劝我不要把这篇文章编入集内，因为它和当时正在大力宣扬作家必须先改造世界观的指导思想相悖。我接受他的意见，使我在接踵而来的文艺整风中免除了惊扰，但这篇文字也就从此没有编入我的集内了。一九五四年尾，我读到《文艺报》印发的胡风三十万言意见书，那是作为批判材料让大家阅读的。胡风在批评世界观决定论时也阐发了别林斯基的上述观点，还引用了原文“不生产的资本”这一说法。由于胡风没有注明这句话的出处，批判者不知它的来源，所以在反胡风运动中才没有引起对这问题的深究。

一九九七年

四

契诃夫所写的《姚尼奇》，是表现一个人如何陷在庸俗泥沼中的真实而又可怕的历史。

契诃夫曾经说过：“俄国人是多奇怪的东西！他跟一个筛子一样，什么东西都留不住。年轻的时候，他贪馋得不得了，只要是他碰到的东西，他都抓来填塞他的心灵；过了三十岁以后，这一切都完了，就只剩下一种淡灰色的杂拌儿。”

姚尼奇就是这样一个典型人物。最初我们看到他的时候，他年轻、生动、有朝气、爱自己的工作。可是在那个沉闷和单调的城市里住了几年以后，他胖了，肥了，变得又肿又红，呼吸困难；而且有了一点一点不自觉的染上手的娱乐，就是每天晚上从口袋里掏出许多行医赚得的钞票。当他听到有房子出卖的时候，就毫无礼貌地去看那幢房子，穿过所有的房间，也不顾到那些惊奇地望着他，没有穿好衣服的女人和孩子，用手杖敲着所有的门，说：“这是书房？这是卧房？那间是什么？”看病的时候，他也曾常常用手杖敲打地板喊：“我问你什么就回答什么！别多开口！”

专制统治下死气沉沉的灰色的小市民生活，使他完全变了一个人。开头的时候，姚尼奇也想接近人，找人谈话，可是经验一点点地告诉他，只能跟那些人在一起打牌或者吃一顿。如果跟他们谈到些什么不能吃用的东西，他们立刻就会哑口无言，或者发出愚蠢恶劣的议论，使你只能挥挥手，离开他们远远的。哪怕跟他们之中最有思想的人，只要说，“人类往前迈进，再过下去，就会用不着护照和死刑”，这时那位居民就会斜着眼睛，满怀猜疑地瞪他，问道：“你是说，那时候大家可以随心所欲地在街上杀人吗？”

在这城市里，被称为最有才能的土尔金一家人，是吸引过姚尼奇的。可是，几年以后，姚尼奇再去拜访他们，发现什么也没有改变，母亲薇拉·约西福夫娜还是在向客人朗诵她自己所作的小说，女儿柯蒂克还是弹奏她的大钢琴，父亲伊凡·彼得罗维奇还是用说不完的俏皮话卖弄他的机智。甚至临别时，伊凡·彼得罗维奇也仍旧对柏娃说：“柏娃，表演一个罢！”不过，这时柏娃已经不是一个腮帮鼓起的十四岁的孩子，而是一个长着胡子的年轻人了。姚尼奇看到他还像从前一样，摆好姿势，一只手往上举着，用悲剧的声调说：“给我死去，不幸的女人！”这个表演现在只有使姚尼奇生气。他发现曾经被自己欣赏过的这一家人，原来竟是这样浅薄和空虚。

这是一个平凡人的生活历史。描写苍蝇、毒蛇，并不可怕，像姚尼奇所过的生活，才真是令人毛骨悚然。

有人说：“安特莱夫叫人恐怖，人不恐怖；契诃夫不叫人恐怖，人反而恐怖。”他深刻地洞察了当时专制社会，通过人人熟悉的平凡的日常生活，揭露了那个畸形社会的矛盾、不合理和无法医治的病症。不理解他的人，以为他的心里藏着可怕的冰块，说他是“用冷血偶然写些事物”，说他是“不可救药的悲观主义者”。但世人知道的他并不是真正的他。

他说：“人要活得正派，活得像一个人，就得工作。带着爱和信念去工作。”他又说，可是人们并不这样做，而是拼命地吃喝，喜欢白天睡觉，闭上眼睛就打鼾，简直像狗似的，挨了打就轻轻地叫几声躲到自己的窝里去，得到爱抚就仰面躺在地上，四脚朝天，摇着尾巴……他指出这是可怕的，叫人感到颤栗。

一九五二年

五

契诃夫在《三姊妹》中，写出了庸俗和虚伪的胜利。娜塔霞和三姊妹的哥哥安得烈结了婚以后，闯进她们的家庭，一步一步地变成家庭的主人。契诃夫没有把娜塔霞写成一个天生的邪恶的性格。这完全是一个有血有肉的人物。可是你愈看下去，就愈感到她的庸俗、虚伪、自私。她的感情愈真实，你就感到她愈可厌。对于孩子的母爱，应该是动人的、使人感动的。可是当娜塔霞向人夸奖自己的孩子时说：“这真不是一般的小婴儿！”“真是一个可爱的小宝贝！”你不由得要从心坎里感到厌恶，觉得她的生活的天地是狭窄的，只关心自己的态度是庸俗的。后来，你看到她为了自己的孩子的缘故，竟要伊琳娜让出房间，搬去和俄尔迦一起住，并且禁止假面舞会的举行，粗暴地夺去别人的欢乐；这时，你就会发现她的母爱原来是损害别人的最卑鄙的自私自利。

高尔基在回忆契诃夫的时候说过："庸俗是他的仇敌；他能够随处发现'庸俗'的霉臭，就是在那些第一眼看来好像是很舒服，并且甚至光辉灿烂的地方，他也能够找出那霉臭来。"娜塔霞的恋爱，她对自己孩子的真情的喜爱，她的管理家务的老练精干，甚至她在腰上束着的有光的绿色带子……都使人闻到庸俗的霉臭。契诃夫之所以有这种"随地发现和暴露'庸俗'的技巧，是只有那些对人生有高的要求的人才能够有的，而且也只能够由那种想看见人成为单纯、美丽、和谐的、热烈的愿望产生。在他的身上，'庸俗'遇到了一个严厉而公正的裁判官"。

《三姊妹》的结尾，庸俗和虚伪战胜了，娜塔霞像黑影一样遮没了一切。在娜塔霞的努力下，哥哥安得烈更变得懒惰、麻木、阴郁，他放弃了做一名学者的念头，甚至安心在妻子的情夫名下做一个地方自治会的会员，不准手下人叫他的名字，要叫他"大人"。大姐俄尔迦亲眼看到妹妹们的生活被破坏，但她没有办法伸出援助的手来，"她的胸怀里面连一个抗议庸俗的有生气、有力量的字都没有"。她只有哭泣。当娜塔霞吼骂老奶妈，叫老奶妈滚出去时，她只能说："你刚才待奶妈这么卤莽……对不起，我实在看不惯……我眼里都发黑了……""亲爱的，你要懂得……我们也许受的奇怪的教育；我真受不了。这样的待人我真难受，我要病了……我真绝望！"第二个姊妹玛霞，从表面上看似乎有着怪僻、无恒、刻薄的性格，但这是不幸的生活给她的。实际上，她善良，洋溢着热情，有着天真的崇高的梦想。她和魏尔希宁的恋爱，完全不是一个军官钟情有夫之妇的缠绵的俗套恋爱故事。他们分别的时候，玛霞一个人孤单单地留下来，站在篱垣旁边，正在开拔的军队的军乐声还可以隐约听见，一阵痛哭窒息了她。她不由自主地唱着“海湾里有棵碧绿的橡树”……她充满“对生活的渴望和对生活的怨恨”。那个最小的姊妹伊琳娜，在最后更是陷入不幸之中，她是违背了自己的意愿去嫁给男爵屠寻巴赫的，因为这是唯一的办法，至少男爵并不坏，无论如何将来的生活要比眼前有希望。可是连这个也被剥夺去，男爵在决斗中被打死了。

在这样的生活里，娜塔霞征服了一切。庸俗和虚伪战胜了！

一九五〇年

六

契诃夫笔下的许多人物都是我们所熟识的：死去了儿子，找不到人倾吐衷曲，只有和自己的小马去谈心的贫穷的老车夫姚纳(《苦恼》)；思想僵化，以机械死板的规律，去限制并妨碍所有人的普利希别夫(《下士普利希别夫》)；照例在打输了牌或闹过酒之后，就要痛骂妻子儿女的家庭暴君日林(《家长》)；发现小时同学做了枢密顾问官，就马上改变口吻，脸上现出一副谄媚的、叫人恶心的恭恭敬敬神气的波尔菲里(《胖子和瘦子》)……这些人物好像生活在我们周围。我们似乎随时随地都可以碰到他们。

契诃夫使我们觉得接近,不仅是由于他在作品里所表现的俄国社会和我们的社会有着类似之处,而且也是由于他在作品中所显示出来的对生活的“高度看法”;用这看法“照亮了它的倦态、它的愚蠢、它的挣扎、它整个的混乱……”

“笑”是契诃夫作品的特点。从开始以契洪特的笔名发表“小笑话”的时代起,他就运用“笑”这个武器,向专制主义战斗。直到他临死以前所写的最后的一个剧本《樱桃园》,始终没有改变。别人把这出戏当作“悲剧”看待,他不承认,并且认真地称它为“通俗笑剧”。

一九五〇年

七

契诃夫的五个多幕剧,在情节上都平淡无奇,几乎大同小异:开头一些人回到乡间的庄园来了,在和亲友邻居等等的交往和接触中,发生了一些纠葛和冲突,引起感情上的波澜。这些事件并不令人惊心动魄,正如平凡的日常生活时时所发生的一样。最后又是一些人怀着哀愁怅然离去。故事就这么简单。但是契诃夫把这些平凡的生活写得像抒情诗一样美丽。在他以前,果戈理写两个伊凡的吵架,从吵架表现了人们把精力消耗在近于无事的悲剧中。果戈理的笔触是粗壮的、强烈的、尖锐的，小说中处处闪露着作者的讽刺微笑。同样，吵架也是契诃夫笔下经常出现的场景。在这些场景中流露出来的淡淡哀愁是柔和的、含蓄的，更富于人性和人道意蕴的。契诃夫似乎并没有花费多少心思用在情节的构思上，当时我正沉迷于十九世纪俄罗斯文学所显示的那种质朴无华的沉郁境界。我不喜欢文学上的夸张、做作、矫饰和炫耀。陆游诗中说的"功夫深处却平夷"，正是我那时所追寻的境界。我认为质朴深沉比雕琢卖弄需要有更多的才华，虽然初看上去前者并不起眼。艺术需要含蓄，需要蕴藉，但这往往是贪多求快的读者所忽略的。

一九九七年

八

五十年代初社会主义国家举办了世界文化名人纪念，那次所提出的文化名人中有契诃夫。我国由洪深撰写文章，通过新华社向国内外发布。洪文中提到契诃夫的早期多幕剧《伊凡诺夫》。当时读后使我诧异的是，洪深竟将剧中莱渥夫医生当作正面形象来加以歌赞。这个医生以正人君子自居，动辄教诲别人。正如剧中一个老人所说的："这位大夫先生心地狭窄，自以为了不起。他自以为是圣芳济复生。谁要不像他那样嚷嚷，谁就是个浑蛋。至于他那吹毛求疵的脾气，简直更是惊人！如果一个农民还过得去，体体面面地生活，那么他一眼就会看出,那个农民是个贼或是个光棍。要是我穿了一件丝绒上衣,并且是我佣人给我穿上的,我就是个浑蛋,我的佣人就是我的奴隶了。像他那样的人,这个世界没有什么可以让他看着顺眼的。我简直有些怕他。老实说,他随时要侮辱别人,把别人当作恶棍,竟好像是出于一种责任心似的。”

这个医生还蛮横无礼地对别人的私生活横加干预。他对伊凡诺夫并不理解,仅仅根据自己的主观臆测和几条道德原则,就裁决他的家务事。他多次无理责骂伊凡诺夫,伊凡诺夫最后终于忍不住对他说:“您以为世界上再没有什么比了解我更容易的事情,是不是?(举出莱渥夫所说的那许多事实上并不存在的事)您就是这样认定的是不是?啊,这种想法,是多么简便哪!可是,您错了。大夫,在我们两人身上,每一个都有多少的弹簧,多少的轮子,多少的轮齿……咱们谁也别想只凭一二先入的印象或两三个外在的表征,就一口咬定那是怎么一回事。我不了解您,您也不能了解我。咱们谁也并不了解自己。一个人可能是一个第一流的大夫,但同时,却无妨是个极低能的人格批评家。除非您过分自信,您总得承认这个的。”

我实在不能明白,为什么洪深会把事情全弄拧了?那时候建国不久,正在加紧学习用阶级观点分析文学作品,难道剧中人物气壮山河的“正义”说教,使得一眼就可以辨清的是非也弄糊涂了?或者莱渥夫的道德教诲被当作了革命的大道理,以致使自己的头脑变得简单化了?像洪深这样的戏剧家本不该是这样的。但他的文章确实是这样写的,查查当时刊载新华社电文的《人民日报》就可以读到。

契诃夫的那支笔使我深深敬服。《伊凡诺夫》中夏伯斯基说的“自以为是圣芳济复生”那种人，或伊凡诺夫说的那种泰山不移的“自信”，以为世上再没有比了解自己所批评的对象更容易的事了，只要凭一二先入的印象或两三个外在的表征，就一口咬定是那么一回事。照我看这简直可以移来作为当代大陆上出现的那些酷评家的惟妙惟肖的写照。

一九九七年

九

我感到遗憾的是，由于境遇，也由于疏怠，我没有把想写的都写下来。年轻时，我喜欢过一位如今似乎永沉忘川再也不被人提到的俄国作家安特莱夫。他曾被责为阴冷、灰暗、病态。我以为这不是误会就是曲解。我但愿有机会能为他的《红笑》、《往星中》、《大学教授》、《狗的跳舞》这些为我的年轻心灵拥有过的作品说几句话。我也喜欢过英国的费尔丁。他不像狄更司那样多产，那样获得读者的爱戴。他的作品少，读者也少。但如果把他的《约瑟·安德路传》和狄更司的《匹克威克外传》放在一起要我选择，我会更倾向前者。费尔丁在书的扉页上书明“拟堂·吉诃德”，如果不是他亲自写下这句话，别人是很难察觉它们之间的渊源关系的。狄更司的书我也爱读，他不但有才气，还有一颗仁慈的心。可是他的匹克威克太像亚当了。我可以举出这两部书有着像家族血缘所形成的那种类似的地方。自然，至今仍使我倾心的是本书(《思辨随笔》)中或多或少涉及过的莎士比亚、契诃夫、罗曼·罗兰，虽然后面这位作者在他本国或国外已经被人越来越淡忘了。然而我一想到他，仍感到温暖。他的约翰·克利斯朵夫曾经在我度过漫长艰难岁月中给我以勇气。我不能一一列举我喜爱的外国作家的名字。但如果我不提一提司汤达，我会感到负疚的。这位赋有非凡才禀的作家，在他生前默默无闻，他预告一百年后会被人们理解。果然二十世纪五十年代，他的作品像旋风般地风靡世界，可是令人感叹的是，冥冥之中似乎有什么力量在左右作家艺术命运的升降。不久，他在光芒四射之后，又隐没在黑暗中了。我愿意说，他在我心目中的地位，超越了当时不懂得他而对他采取漠视态度的雨果。我不禁反问自己：为什么今天的读者很多人读雨果的书而不知道有个司汤达呢？(正如在白朗底姊妹中选取了夏洛特的《简·爱》而将艾密莱的《呼啸山庄》弃置不顾？)是我抱残守阙？还是艺术感觉渐渐迟钝或者变异了？我不能回答，由将来去判断吧。在这里，我唤起青年时代的记忆，让那些曾经使我迷醉的艺术精灵在眼前再生。我早就由文学转入另一个领域，已经长久不谈，以后恐怕也不一定有机会谈到他们了。不管时间的无情浪潮使他们会有怎样的升降浮沉，我是不会忘记他们的。

这篇序是我在广东沿海的一个小村落里写的。这地方名叫白藤湖，距离斗门县府所在的井岸镇有数里之遥。它正在开发为一个旅游点，目前还是一个人烟稀少的偏僻处所。我在这里过着离群索居的生活已快三个月了，虽然寂寞，但我很喜欢这片幽静土地的美丽风光。我的窗外可以看到平静的湖水映照着蓝天上缓缓游动的白色云朵，永远是那样安详和恬静，即使微风徐徐拂过湖面，吹起细细的波纹悠然荡漾着的时候，也给人带来了一片和平，使我去掉浮嚣，在大自然中变得像它一样宁静……

一九九二年二月于烟雨蒙蒙的白藤湖

谈约翰·克利斯朵夫

复旦同学来读书，读的是《约翰·克利斯朵夫》。这部书是我年轻时最爱读的，并且不知读过多少遍。这次重读，和以前最后一次读它时，相距有四十多年了。

目前我的感受和从前不同的是，我不再把约翰·克利斯朵夫看做像普罗米修斯一样的神明，因为我不再有年轻时的那种狂热的激情了。我十分服膺莎士比亚说的：上帝造人，先让他有了缺点才成为人。人的知识、人的理性力量，不是无所不能的，而是有限的。克利斯朵夫也是有缺陷的。

过去我爱读的是这部书的第四卷“反抗”和第五卷“节场”。克利斯朵夫不顾一切想要去涤除艺术界多年积存的油垢，向那批用艺术以外的手段去骗取金钱、地位和名誉的文士进行挑战，那时我是多么倾倒于克利斯朵夫啊！我觉得他说的每句话、做的每件事都成了批评的正义和艺术的真理。

可是，这次重读，我发现，他的批评并不总是对的，有时他做过头了，把值得肯定的作品和值得尊敬的前辈也一概践踏在脚下。我想罗曼·罗兰只是把这种反潮流、反传统的极端态度，当做青年艺术家在精神发展历程中的一个时段。虽然罗兰是含着同情的理解去写这样一段精神历史，但并不意味着他要我们都去学他。罗兰在他的剧作《群狼》和《爱与死的搏斗》中，都明确表达了他并不赞成狂热、激进和偏激的观点。

这次重读，我发现罗兰用了一种特殊笔法来写这部书。有些地方我不太喜欢，因为太理论化了。虽然这些叙述体现了作者生活感受的特点，并显示了作者的内在胸怀。

例如，当克利斯朵夫找到一个真正的朋友奥里维以后，奥里维像维吉尔引领但丁游地狱一样，向他步步深入地去揭示法兰西社会的潜在的深层。过去克利斯朵夫所见到的法兰西，只是那些浮在表面的泡沫，而没有见到真正的法兰西精神。奥里维和克利斯朵夫两人在这方面的对话，虽然饱含着深邃的哲理，对我们不能说没有启发，但读来却让我们感到冗长沉闷。这不是文学的形象语言，而是哲理的逻辑语言，我们读但丁的《地狱篇》就没有这种感觉。

重读时，我又发现，从前已经感到但没有进一步去体会的这部书写法的另一特点，就是它像一首宏伟、深厚、具有复杂内容的交响乐。罗兰是个很博学的人，尤其擅长音乐。我读《约翰·克利斯朵夫》这部书，总感觉到有一种节奏感、音乐感在跃动。时如款款流水，时如汹涌激流，极富于变化，引发出人的各种复杂感受。

比如在“反抗”这卷中，少年克利斯朵夫自从被愤怒的大公爵从宫廷乐师的位子上斥退后，我们感到书中的一切都显得骚动、杂乱，有如发出了兵器的相击声，像一场逼人而来的暴风骤雨。可是急转直下，突然出现了平和恬静、春光明媚、草木青葱、众鸟欢鸣的田园风光，使人感到安详、轻松、平静。这就是克利斯朵夫终于抛弃了一切烦恼，找到了一位敬重他、深爱他的音乐，而从未见过面的苏兹老人。这难道不像在有冲击力的快板之后出现的慢板吗？不知谙熟音乐的罗兰是有意还是无意地做了这样的结构安排。

另外，这次重读，我最喜欢的是第六卷“安多纳德”。这一卷似乎是游离在全书之外、可以独立存在的一卷。安多纳德这个人物在前两卷就反复出现过了。这种写法也像交响乐的写法。一位教音乐的友人告诉我，这称之为“主题的再现”。

安多纳德在上一卷和克利斯朵夫在剧场偶然相遇，接着就消失了。第二次再见，是驶往相反方向的两列火车的车厢窗口，他们认出了，但是来不及相互招呼一下，火车就开走了。过了很久，第三次再见，是在喧嚣、嘈杂的巴黎大街上。他们又偶然见到了，都挣扎着企图走向对方，但被车马人流冲散了，像两个流浪星球似的接近了一下，又在无垠的太空中分开了。这样的主题出现了三次之后，紧接着，书的第六卷就是“安多纳德”。我读到这一卷所感到的女性美、人性美、人间的爱，是我在前两次读这书时很少感受到的。

《约翰·克利斯朵夫》这部书在中国青年中曾发生巨大影响，可是，也遭到过蛮横无理的批判。长期以来我们把人性、人道主义当做反动的东西加以唾弃。这部书中描写人性和人道主义伟大的篇章，如“安多纳德”及其他关于爱情、友谊、亲情的章节，都被指为资产阶级腐朽感情。记得何其芳曾这样批评过，后来在上世纪六十年代他改正了，承认这些都是好的，但却遭到姚文元的批判，而姚使用的竟是与何其芳过去同样的语言，指斥这部书里所描述的无非是爱情、友谊、亲情，而这些只不过是资产阶级货色。这一段历史我至今还记得。

二〇〇五年十月二十二日

谈老年之爱

年轻时，读别林斯基论莎士比亚的罗密欧与朱丽叶。别林斯基说，剧作者让他笔下的那对恋人他们年轻的时候就双双意外死去，这样处理是很恰当的。因为可以想象到，如果罗密欧与朱丽叶一直活下来，变成了一个老头子和一个老太太，成天坐在一起，哪里还有什么爱情可言？两人对面只有打哈欠而已，这是别林斯基的看法。那时我觉得他说得很对，但是后来我步入中年重读杜甫的三别中的《垂老别》之后，我的感受完全不同了。年老夫妇之间，为什么就没有爱情可言呢？《垂老别》写的那个老汉被拉去打仗的时候，杜甫没有用多少文字，把两个老人拳拳相依之心和眷念之情，写得多么深邃，令人感动。其中有一段是用老汉的眼光写出：老妻卧路啼，岁暮衣裳单。孰知是死别，且复伤其寒。此去必不归，还闻劝“加餐”！话极平常，但是我每读到此，总禁不住内心的激荡，它确实有一股催人泪下的力量。

别林斯基是俄罗斯文学中自然派的创始人，自然派以果戈理为代表人物。果戈理的小说集《密尔格拉德》中第一篇

《旧式地主》写的是一对居住在乡下庄园里的老夫妻。开始读时，我们觉得这对老夫妻的生活是沉闷、枯燥、庸俗的。果戈理用充满柔情的含笑微讽的笔调，去写他们之间的感情生活。老爷爷对他的那位一向过着平静生活、天性胆小的老妻总是喜欢用取笑的态度去吓唬她，说她最怕听的话。例如："庄园失火了怎么办？""强盗闯进来抢劫怎么办？"而他自己还准备"用一把大刀和哥萨克的长矛去上战场"等等，直到老太太吓得心惊胆战他才罢休。这对老夫妻的生活当中，最重要的一件事就是吃。老爷爷时而问老太太："该吃些什么了吧？"或者说："我的肚子怎么不舒服了？"于是老太太就用她精心焙制和酿造的各种美食和酒类去满足老爷爷。我每次读到这里，都忍俊不禁。越到后来，读者就越感到果戈理是在歌颂这对老年伴侣身上所蕴藏的真挚不渝、持久不变的爱情。他在最后的段落里曾将这种老年的爱情和当时社会上也出现过的年轻人的爱情作了比较。他说有个青年，因为所爱的人死去，内心发出剧烈的哀痛，简直到了可怕的地步。家人怕他殉情，对他严加防范，可是他还是乘隙用枪打破了自己的头颅。经救活后，他再次一头跳到马车轮下自杀，伤了手脚，又幸而被救治好。可是一年多后，情况完全变了，人们看见他神情焕发，坐在牌桌上打牌，背后站着的是他新婚不久的美丽妻子。果戈理在书中感叹道："有什么样的忧伤不会被时间冲刷掉呢？有什么样的激情在与时间作实力悬殊的较量中会丝毫不减呢？"当作者写到五年后他再去拜访他以前拜望过的那对老夫妻的庄园，就回答了上面的问题。那里似乎一切如旧，可是生活变得混乱。老人由于丧妻的哀痛，虽然脸上仍时时挂着从前那样的微笑，可是眼光呆滞了，头脑麻木了，手脚变得笨拙了。在餐桌上，当老人说起“这盘汤的烹制就是按照——”眼泪开始在眼眶里晃动，继而大颗大颗地滴落下来，手中端着的汤盘打翻在身上，哽咽得说不下去。读到这里，我觉得自己的心好像被紧紧揪住一样，一阵阵酸痛涌现出来。这就是果戈理所写的老年的爱情。不知别林斯基在论述罗密欧与朱丽叶时，为什么竟没有注意及此。

二〇〇五年十月五日

图书在版编目（CIP）数据

人物小记／王元化著.—上海：东方出版中心，2008.1
(清园丛书)
ISBN 978-7-80186-799-5

Ⅰ.人… Ⅱ.王… Ⅲ.名人-人物评论-中国-文集
Ⅳ.K820-53

中国版本图书馆CIP数据核字（2007）第196653号

出 品 人 祝君波

责任编辑 孙志坚

人物小记

出版发行：东方出版中心
地　　址：上海市仙霞路345号
电　　话：62417400
邮政编码：200336
经　　销：全国新华书店经销
印　　刷：上海雅昌彩色印刷有限公司
开　　本：787×1092毫米 1／16
字　　数：123千
印　　张：12 插页 6
印　　数：0,001-5,100
版　　次：2008年1月第1版第1次印刷
ISBN 978-7-80186-799-5
定　　价：26.00元